サッカーのエスノグラフィーへ

徹底討論！　民族とメディアとワールドカップ

市之瀬 敦／粂川麻里生［編著］

ethnography on football

社会評論社

プロローグ——条川麻里生

山寺の　和尚さんは
鞠は蹴りたし　鞠はなし
猫を棺袋に押し込んで
ぽんと蹴りゃ　にゃんと鳴く
にゃんがにゃんと鳴く
よいよい

皆さんご存知の『山寺の和尚さん』という歌は、もともとわらべうたとして伝承されてきたものを、一九三七年に詞の形を加藤省吾氏が整え、服部良一氏が編曲して広く知られるようになったものだそうですが、まことにフットボールの本質をとらえています。山寺の和尚という、聖職者で、インテリで、世間からの尊敬を集めている人物が、鞠を蹴りたいという本能的な欲望に取りつかれている。しかし、蹴るべき鞠（ボール）が手元にない。ついに我慢できなくなった和尚は、近くにいた猫をあろうことか死者を埋葬するための袋につめて「フットボール」を始めてしまう……。私は、この歌を思い出すたび、「これだ、これこそフットボールだ」と思わずにはいられません。

球戯、とりわけフットボールの類というのは、洋の東西を問わず、社会から尊敬された り必要とされたりするような営みではありませんでした（実は、日本にはちょっと違う伝統もありますが……「エピローグ」参照）。それはそうでしょう。弓矢がうまければ、狩りや戦さで活躍もできましょう。走るのが早ければ、他人にさきがけて目的地に達することができるでしょう。剣術や格闘技に長けていれば、暴漢を撃退することもできましょう。でも、鞠をうまく蹴れたからといって、得をすることはほとんどないのです。球戯は、人間の「あそび」の中でも最も純度の高いもののひとつと言えましょう。

ヨーロッパでは、中世以来しばしばこの「若者たちを狩猟や軍事訓練から遠ざけ、通りの窓ガラスを割り、しばしば死傷者さえ出す有害な遊戯」が国王や諸侯によって禁止されました。しかし、市民も、貴族も、大学生も、僧侶さえも、フットボールの魔力から完全に身を遠ざけることはできなかったのです。

本書は、二〇〇一年一〇月二〇日に上智大学*で行なわれたシンポジウム『サッカーボールに映る民族と世界』の記録です。上智大学は山寺ではありませんし、和尚さんもいませんが、じつはサッカー好きの神父さんはたくさんいます。会場にも、何人かお見えでした。素晴らしいパネリストの皆さんの興味深いお話に刺激されたあとで、何を蹴ったのかは知りませんが……。

＊上智大学▼一九一三年創立。キリスト教的ヒューマニズム精神にもとづく「人間教育」を目指す。七学部三十学科があり、二十一ヵ国からやってきた教員が教え、五十以上の国からきた学生が学ぶ総合大学。

目次

挨拶と紹介

開会挨拶　市之瀬敦

本学外国語学部の市之瀬です。本日は外国語学部*、ドイツ語圏文化研究所*およびポルトガル・ブラジル研究センター*が企画いたしましたこのシンポジウムにご参集いただき、まことにありがとうございます。主催者側を代表いたしまして、厚く御礼を申し上げます。

十九世紀後半に生まれたフットボール＝サッカー*は、二十世紀の百年間で世界で最も広く普及したスポーツとなりました。いや、それはすでに単なる一スポーツを越え、社会全体に関わる巨大な現象となっております。プレーをして楽しむ、見て楽しむ、もちろんそれこそが大切なのでしょうが、それだけではすまないくらいの重要性を、サッカーは現代の世界で帯びています。

例えば、政治とサッカーの結びつきを表すエピソードならいくらでも見つかりそうです。つい先日、今年のノーベル平和賞が国連に授与されましたが、実は候補者の一つにサッカーがノミネートされていたと言います。また、サッカーの経済効果を無視することはもはやできないでしょう。『ワールドカップの経済学』という本を書くことはきっと可能でしょう。また、今日、国家を定義するには、領土と住民と政府の三大要素に加え、さらにサッカーの代表チームがなければならないと言われるくらいサッカーは国民そして国家のシンボルとなっております。このように、サッカーを語るには、さまざまな切り口がありそうです。

＊外国語学部▼六学科、三副専攻コースから構成される。外国語を学ぶだけでなく、その国や地域の民族・社会・文化などの研究を行う。

＊ドイツ語圏文化研究所▼ドイツ語圏諸国の文化を様々な視点から研究することを目的とする。

＊ポルトガル・ブラジル研究センター▼ポルトガル語圏諸国の言語・文化・社会などを広い視点から研究し、その成果の普及を目的とする。

＊フットボール＝サッカー▼日本で「サッカー」と呼ばれるスポーツは、ヨーロッパの多くの国々では「フットボール」、あるいはそれが変化した言葉で呼ばれる。その「フットボール」は、「ラグビー・フットボール」と

かつてサッカーが「人民の阿片」と呼ばれた頃、サッカーの選手もそしてファンも、何もわからぬ愚かな存在と見なされたことがありました。しかし、今やサッカーを愛する人々は身の回りの出来事の意味を理解できない愚か者ではありません。グローバル化が日常語となった現在、民主主義や市場経済よりもさらに人々の強い情熱の対象となっているサッカーについて、今日の一日、熱く、真剣に、そしてときにはユーモアを交えて語り合えればと思います。

幸い、来年は日本と韓国で二十一世紀初、アジア初のワールドカップが共催されます。本シンポジウムで、日韓共催のワールドカップ、その意義を問い直すことができればと思います。また、各国や地域を広い視野で観察・分析する外国語学部らしく、サッカーを文化の一端として捉え、議論できたらと思います。

最後に、多忙の中で本シンポジウムのために参画してくださった六名の方々に改めて感謝申し上げます。そして、会場の皆様にはどうぞ最後までお付き合い下さいますようお願い申し上げて、私の挨拶といたします。ありがとうございました。

学長挨拶　ウィリアム・カリー

区別するため、「アソシエーション・フットボール」と呼ばれることもあるが、その「アソシエーション」が訛って生まれたのが「サッカー」という言葉である。

おはようございます。ただいまご紹介にあずかりましたカリーと申します。本日、上智大学外国語学部のシンポジウム〝サッカーボールに映る民族と世界〟に参加してくださったみなさま、ようこそ上智大学へ。ご多忙のなか、せっかくの土曜日にもかかわらず、たくさんの方々にお集まりいただき、ありがとうございます。

上智大学はこのシンポジウムを開催することができて、非常にうれしく思っております。講演者あるいはパネリストとしておいでいただいた方々に、厚く御礼を申し上げます。

日本と韓国の共催によるワールドカップが来年に近づいてまいりましたので、このシンポジウムは非常にタイムリーなものであると思います。このごろ世の中にいいニュースがあまりありませんから、少なくともワールドカップの準備段階のニュースを見れば、少しは気分転換になると思います。

先週の月曜日に私は中国の北京にまいりました。その夜のテレビニュースを見ますと、最初の一分ぐらい、アフガニスタンの話がありました。その次の十分ぐらい、小泉総理の中国訪問の話がでました。そのあと十五分ぐらい、十五分ですよ、中国対オマーンのサッカーの試合のニュースが続きました。結局その勝利によって、中国は初めてワールドカップに出場することになりました。中国人民は本当に喜んでいました。

私は四十一年前に日本にまいりましたけれども、実はそれまでサッカーの試合を一度も見たことはありませんでした。そのころサッカーはアメリカではあまり流行っていませんでした。いまはだいぶ違いますけれども。日本にきて、ある中高等学校で英語の教員をつとめさせてもらいました。その学校のサッカーチームはわりと強くて、いつもそこの生徒は私に「先生、サッカーのことを知らないと国際人になれないよ。いまは国際サッカー連*

◀カリー学長

*国際サッカー連盟▼FIFAという略称の方がなじみがあるかもしれない。一九〇四年、サッカーの世界選手権開催を最大の目的として設立された。設立時は七ヵ国のみの参加だったが、現在は二〇三のサッカー協会が加盟している。

盟に入っている国は、国連に入っている国より多いよ」と言っていました。私は素直にその生徒のアドバイスに従いまして、だんだんサッカーのよさを理解するようになりました。

　現在、サッカーはたんなるスポーツではなくて、社会的影響を与える存在となっています。サッカーには世界各地に見られる文化あるいは民族性が反映し、同時に地域交流・国際交流の重要な契機ともなっています。アジアで初めての日韓共同開催ワールドカップを来年にひかえた今、サッカーは、地域研究をおこない、また国際交流を促進することを目的とする外国語学部が主催するシンポジウムにふさわしいテーマです。活発で有意義な議論がおこなわれることを期待しております。

　最後になりましたが、このシンポジウムを企画してくださったみなさま、そしていろいろなかたちでご支援をくださったみなさまに感謝いたしまして、簡単ですが、開会の挨拶にかえさせていただきます。本日はどうもありがとうございました。

パネリスト紹介

司会　外国語学部ドイツ語学科の講師をしております粂川と申します。もともと昔、スポーツの出版社に勤めておりました関係できょうはこのような大役をおおせつかりました。本来の専門はボクシングなのですけれども、昔、『イレブン』*というマイナーなサッカー雑誌があったのですが、その隣でボクシングの雑誌をつくっておりました。

そして私の隣に来てくれておりますのは、やはりドイツ語学科の一年生です。どうぞ自己紹介してください。

アシスタント　きょうアシスタントを務めます、ドイツ語学科の山本綾香といいます。よろしくお願いいたします。

司会　山本さんは私より、よほどのサッカーおたくでありまして、青森から今年でてきたばっかりなのに、海外のサッカーのことは何でも知っているという、まさに現代のメディアが生んだサッカーおたくではないかと思います。

本日の催し物について簡単に説明させていただきます。このシンポジウムは、私ども上智大学の外国語学部の主催・企画となっておりまして、外国語学部にはさまざまな、主にヨーロッパ諸語の言語圏を研究する学科がございます。その学部においてわれわれは、日ごろから外国の言葉ですとか文化などに悪戦苦闘しながら取り組んでいるわけですが、柱

＊『イレブン』▼後日の雑談の中で明らかになったことだが、『イレブン』（日本スポーツ出版社）の最後の編集スタッフに伊東氏が入っていた。「ぼくがつぶしたんです」（伊東氏）。伊東氏と粂川は十年あまり前、同じ小さなビルの中ですれ違いながら仕事をしていたのだった。

として三つございます。一つは言語の研究、もう一つは言語に限らない、ドイツ語圏・英語圏・スペイン語圏・ポルトガル語圏・ロシア語圏・フランス語圏、あるいはアジア諸地域といった、それぞれ言語圏の文化、政治、経済などをふくめた地域研究、またそれぞれの地域との交流・国際関係の研究、この三つの柱がわれわれの活動としてあるわけです。きょうはその日ごろ苦労している言葉や文化や国際関係を把握するという作業を、サッカーを通じてチャレンジしてみたい、専門家の力をお借りして試みてみたいと思っております。

前置きが長くなりました。プログラムの説明ですが、まず最初に討論をしていただきます。午前中一回、午後二回討論の時間がありますが、午前中の討論は、主にアジアで初めて、二十一世紀の最初のワールドカップが韓国と日本で共催される、その意義について、日韓関係の歴史を振り返りながら、話し合っていただきたいと思っております。それから、午後一つ目の討論は、〝サッカーボールに映る民族性〟と題しました。ブラジルにはブラジルの、ポルトガルにはポルトガルの、フランスにはフランスの、ドイツにはドイツのスタイルがございますけども、それが文化とどのような関係があるのかといったことについて、あるいは日本はどんなスタイルでやれば強くなるのか、ということも、専門家の皆様方に少し話していただければ面白くなるのではないかと思います。

最後の「サッカーという文化」というコーナーにおきましては、サッカーのフィールド上のプレーにとどまらず、スタジアムですとか、あるいはファンのことですとか、あるいはメディアのことにつきまして話し合ってみたいと思っております。

そのあいだに挟まれるかたちで、マリーニョさん、市之瀬さん、オプヒュルス＝カシマ

◀進行役のお二人

さんにテーマに関係のある講演をしていただくことになっております。
それではおまたせいたしました。パネリストの方々をご紹介申し上げます。

伊東武彦さんは『サッカーマガジン』の編集長でいらっしゃいます。いま実は締め切り前だそうで、どうしても現場を離れられないということで、午前中の〝試合〟が終わり次第、こちらに向かってくださるそうです。こちらに到着次第、ご紹介申し上げます。

康熙奉《カンヒボン》さんは、在日コリアン二世のジャーナリストでいらっしゃいまして、日韓関係、日韓、韓日というべきでしょうか、サッカー交流史について、著書が多数あるジャーナリストです。

佐山一郎さんは、インタビュー雑誌*の編集長をへてノンフィクション作家になられた方でありまして、サッカーについて、あるいはフランスやヨーロッパの生活文化について書かれた多数のテクストがあります。「フランスおたく」とどこかの雑誌に書いてあったので、きょうはフランスについても少しうかがいたいと思っております。

野村進さんは、このシンポジウムを主催している上智大学外国語学部のご出身のジャーナリストでいらっしゃいます。今回のテーマにかんしましては、大宅壮一ノンフィクション賞を受賞されました『コリアン世界の旅』という作品の中で、在日コリアンJリーガーについてたいへん興味深い文章を発表なさっているジャーナリストです。

*インタビュー雑誌▼『流行通信』、『スタジオ・ボイス』(編集長)といった、お洒落系雑誌の編集者だった。スポーツライターには珍しい(?)、カッコいいキャリアである。

アデマール・ペレイラ・マリーニョさんは、フジタ工業や日産のサッカー部で活躍されたあと、サッカーの指導者あるいは解説者として、テレビ・雑誌などで活躍しておられますので、みなさんのなかにもご存知の方がいらっしゃるのではないかと思います。

オプヒュルス＝カシマさんは、東京農工大そしてこの上智大学でも講師としてドイツ語を主に教えておられる方です。専門は日本の現代思想、吉本隆明などの現代思想や、大衆イメージ論、言語学などの研究をなさっている学者です。やはりワールドカップと言えば、多少落ち目とはいえ、ドイツの方に来ていただかないといけないので、是非にと、ご出席していただきました。

それから市之瀬敦さんです。市之瀬さんはわれわれの同僚で、ポルトガル語学科の助教授です。つい最近『ポルトガル・サッカー物語』という本を出版しました。みなさん、是非、そちらのほうも読んでください。

ではみなさん、きょう一日、どうぞよろしくお願いいたします。

［ディスカッション］

共催 アジア 二十一世紀

throw-in

サッカーは創造的な闘いですから、シンポジウムもいきなりのディスカッションから始めていただきました。今大会は、ワールドカップ史上初めてアジアで開催される大会であり、しかもはじめての二ヵ国共催です。このユニークな大会は、私たちに何をもたらしてくれるのでしょうか。国際社会の未来への道しるべとなってくれるのでしょうか。とりわけ、暗い記憶を克服できずにいる日韓関係にとって、新たな橋頭堡となりうるのでしょうか。そんなことについて、皆さんのご意見をうかがいたいと思いました。

最初に話題となったのは、各国にとって、またそれぞれの人にとっての、サッカーの「原風景」とでも呼ぶべきものについてだったと思います。歴史のあるスポーツは、それぞれに象徴的な「風景」や「物語」を内包しています。日本の〝国技〟と呼ばれる相撲は、神道をベースとした日本の伝統文化と思想の玉手箱のようなものです。一方で野球は、わが国にとっては、アメリカとの友好と敵対の記憶を担っています。沢村英治ら戦場に散った英雄たちを偲び、「野球ができる平和」に感謝するために、八月十五日正午、高校球児は甲子園で黙祷を捧げるのです。また、ボクシングなら、白井義男がダド・マリノを降して世界チャンピオンになったとき、日本人は再び「世界に通用する力」をその手のひらに感じたのではなかったでしょうか（ドイツでは、*五四年にワールドカップで自国ナショナルチームが初優勝した時、「もはや戦後ではない」という言葉が広がったといいます）。

佐山さんもおっしゃっていたように、日本人にとってサッカーの「原風景」はやはり

＊五四年に……初優勝▼第五回スイス大会。当時は「マジック・マジャール」と呼ばれたハンガリー・サッカーの黄金時代で、当然、本命もハンガリーだった。しかし、一次リーグの対ハンガリー戦を二軍メンバーで戦い、三対八で敗れた西ドイツは、決勝戦では実力を発揮、今度はハンガリーを三対二で破り、奇跡の優勝を遂げた。その二年後、ハンガリーはソ連軍の侵攻を受け、プスカシュやコチシュなど主力選手はスペインに亡命した。一方、西ドイツはこの優勝により強国の仲間入りを果たした。

「東京オリンピック」に近いイメージ、あるいはその次のメキシコ・オリンピックでの釜本邦茂たちの活躍でしょう。また一方で、(これは後日、伊東さんもおっしゃっていたのですが)日本の若者にとってのサッカーは、野球に対するアンチテーゼのようなところもありました。日本のサッカー少年は、ちょっとアウトローでおしゃれでした。* ちょっと前まで、野球部は坊主頭だけれど、サッカー部は長髪も許されましたしね。サッカーにのめりこむ少年というのは、どこかに野党的精神を持っていたり、「世界的スポーツ」であるサッカーを通して「外部」へ出ていこうとするところがあったのではないでしょうか。

一方、康さんのお話でも分かるように、韓国にとってのサッカーは、「日本に対する抵抗」もしくは「対日勝利」というテーマをつねに背負っていたのですね。ワールドカップが面白いのは、そんなふうに世界各国においてサッカーが担ってきた「物語」がぶつかり合うところからも生まれてくるのに違いありません。

サッカーというものについて考える際、この球技が担ってきた様々な物語についてもあわせて考えてこそ、スポーツを通しての国際理解が深まるのかもしれません。(粂川)

*日本のサッカー少年は……おしゃれでした。▼かつて日本の青春ドラマは高校のサッカー部やラグビー部の不良少年が主役で、野球部はどちらかというと真面目少年の集まりだった。

開会式VS決勝戦

司会　それでは、このディスカッションでは、アジアではじめて、二十一世紀ではじめてのワールドカップが韓日共催でおこなわれることについて、われわれはどんなことを考えうるのだろうかということをテーマに、話し合ってみたいと思います。

ではまず、長くサッカー・ジャーナリズムで活躍されてこられた佐山さんに口火を切っていただきたいと思います。佐山さん、ざっくばらんに、今回このワールドカップがくることで、どのようなお気持ちですか。

佐山　最初に国際試合を観たのは一九六四年の東京オリンピックの時で、国立競技場のスタンドにはサッカー・ジャーナリストの後藤健生*――ぼくと同学年ですが――彼も偶然そこにいたそうです。あまりに客を集められないということから、小学校の担任の先生に引率されまして、幸運にもハンガリー対モロッコ戦を観戦することができました。六六年イングランド大会でも活躍したフェレンツ・ベネ*というハンガリーの選手が、驚いたことにダブル・ハットトリックを達成してしまったんです。十九歳の小柄な選手が一人で六点もたたき込んでしまったわけですから、いきなり珍しい光景をまのあたりにすることができたわけです。ベネ一人で十二ゴールも挙げてハンガリーは優勝しました。モロッコの国旗をあしらったユニフォームの鮮やかさも忘れられませんね。閉会式は家のモノクロ・テレビで一人で見ておりまして、夕方だったでしょうか、自然発生的に各国選手団がハンカチーフを振って、選手団でなく観客席だったかなあ――市川昆監督の記録映画にあります

＊後藤健生▼一九五二年生。慶応大学大学院博士課程(政治学)修了。東京オリンピックで初めて試合を見てからずっとサッカーに狂っているという。サッカーに関する著書多数。テレビで試合解説も行う。

＊フェレンツ・ベネ▼彼を擁したハンガリー代表は六四年（東京）、六八年（メキシコ）のオリンピックで二連覇を達成した。なお、六八年のメキシコ・オリンピックではハンガリーに手も足も出なかった日本だが（〇対五で敗れた）、九六年のアトランタ五輪では三対二で逆転勝ちした。

が――子供ながらにも、かなりのウルウル状態にありました。ワールドカップとオリンピックを混同すべきではないのですが、六四年以来の巨《おお》きなスポーツイベントというあたりで久しぶりに子供時代にワープしてしまいそうです。

ワールドカップの開会式はオリンピックと違いまして、選手の入場行進がありません。にもかかわらず共催パートナーの韓国側が開会式に少し力コブを入れすぎているような気がしてなりません。きょうのニュースを見てますと、中国の江沢民*国家主席を招待すると言っていました。天皇も呼びたいということのようですが、日本側は出したくないでしょうね。コンフェデレーションズ・カップに小泉総理が行かなかったのは、その段階で出てしまうと、さらにもう一つ〝奥の人〟を出せという話になるからだと思います。決勝戦よりも開会式という韓国サイドの発想あたりに〝違い〟を感じさせられますね。

もう一つ気になるのは、韓国の通貨、ウォンのレートです。韓国に行けば、たくさんお金をもっていなくても、おいしいものを食べられたり、いろんなところに行けるはずです。

メキシコ・ワールドカップの開会式をぼくは観ましたけれど、ブーイングの嵐でした。それは当時の大統領にたいする不満のみならず、早く試合を観せてくれということなのでした。開会式が、どうも派手になってきているようですね。それよりもゲームが観たい、ゲームこそが祝祭なんです。とても政治的な開会式とウォン安、円高――。日本に来る人は物価の高さに閉口すると思います。ちょっとその二つがいま気になっています。

これまでの分断の歴史や教科書問題を含めまして、共同開催にまつわるややこしい問題がいろいろあるなと思っております。

司会　ありがとうございます。少年時代のヒーローや興奮した思い出などは、私と同じ世

＊江沢民▼中国国家主席、中国共産党総書記、国家中央軍事委員会主席。つまり、中国で一番偉い人。

代の方々なら昔、「三菱ダイヤモンド・サッカー」*をテレビでご覧になって、似たようなご経験がおありではないでしょうか。大きな国家的イベントとしてのサッカーなら、やはりワールドカップをテレビで観て、日本とは直接関係のなさそうな大会だなと思いながらも熱中してご覧になっていた方もおられるかもしれません。野村さんはさまざまな題材についてお書きになっているわけですけども、その中でもスポーツについて書かれることが多いと言ってよいのではと思いますが、スポーツという対象、あるいはサッカーという対象は野村さんにとってどのような想いを抱かせるものでしょうか。

競技者の五感に近づく

野村　私が最初に書いた原稿が活字になったというのは十九歳のときで、上智大学に入る直前か直後のときでしたが、『ボクシング・マガジン』という雑誌でアルバイトをしていまして、海外物を翻訳してそれが活字になりました。いまと違いまして、ワープロもパソコンもないわけで、自分の書いたものが活字になることがすごく新鮮でうれしかったんですね。そこからこの世界に入ってきたところがあるわけです。

最初にフリーランスになって、一般誌に書いたのもスポーツだったんですね。文藝春秋の『ナンバー』という雑誌が出始めたころで、「レフリー・レポート」という連載をいきなり頼まれまして、それはいろいろなスポーツをレフリーから見たらどうなるか、サッカーだったらサッカーのレフリー、ボクシングだったらボクシングのレフリー、そのスポーツを一番身近から見ている人にスポーツはどう映るのか。これが取材して非常に面白かった

＊「三菱ダイヤモンド・サッカー」▼一九六八年から八八年まで毎週土曜日の夕方、東京12チャンネル（現在のテレビ東京）で放映されたヨーロッパ・サッカーの紹介番組。金子勝彦アナの実況と岡野俊一郎氏（現日本サッカー協会会長）の解説で長くサッカー・ファンから支持された。海外サッカーの魅力、ワールドカップの素晴らしさをこの番組を介して知ったファンは少なくない。今回のシンポジウムでもパネリストの口から何度か「ダイヤモンド・サッカー」の話が出てくるが、それを見ると、日本のサッカー関係者にこの番組がいかに大きな影響を与えたかがわかる。

んですね。

サッカーだと、レフリーの走り方が決まっているんですね。レフリーの走り方を上から見たものを線で書いたものを見せてもらったのですが、蝶々を描くようにきまっている。ボクシングのレフリーですと、例えばボディーブローをくらった選手がダウンして起き上がったときに目を見ると、その目が緑色になっていたというんですね。身近でスポーツを見る人たちの話の面白さを、ライターを始めたすぐのころに気づかされたということがあります。それでなるべく近いところでスポーツを見たいという気持ちがありました。

ただ私はアジア・太平洋地域をフィールドにしてやってきたものですから、そんなにスポーツを書くことはなかったわけですが、第三者的な立場から日本のスポーツ・ジャーナリズムをみていて、あんまり変わっていないなという気がしていました。人生とスポーツを重ね合わせて、人生ドラマをスポーツにみてしまう。浪花節的な感動ドラマを相変わらず追い求めてしまうことです。サッカー・ジャーナリズムに関して言うと、サッカーの選手と仲良しになって、そこから得られる情報を元に書いていく、それがしかもウケてしまう。これでいいのかという気持ちがハタからみていてありました。

私としてはスポーツそのものを純粋に伝えるにはどうしたらよいかということを考えてまして、それには競技者そのものの目や感覚に近いところになるべく身をおきたい。一番いいのは競技者自身が書くことだと思います。その例はほとんどなく、サッカーでもほとんどないらしいのですが、ボクシングではあります。元世界ライトヘビー級チャンピオンでホセ・トレス*という選手がいるんですが、マイク・タイソンと同じコーチに教わった非常に優秀なチャンピオンでした。この人は引退してから物書きになりました。ノーマン・

＊ホセ・トレス▼一九六五年、ウィリー・パストラーノをKOしてプロボクシング世界L・ヘビー級王座獲得。伝説のトレーナー、カス・ダマト門下で、あのマイク・タイソンの兄弟子に当たる。ダマトのもとでは、札付きのワルがやってきては、知的な紳士になって社会復帰するという「奇跡」が行なわれていた。なかでも、トレスは「最高傑作」と言える。

メイラーに支持されて。それで『スティング・ライク・ア・ビー』という、モハメッド・アリを書いた本があります。どういう風に彼はボクシングを見ているかというと、ボクシングの観客がショックを受けたりする流れ出る血とかつぶれた鼻とかは、ボクシングの本質とは関係ないのだと、それは例えばチェスのプレーヤーがチェスをさしているときに目が疲れるというものなのだ、自分たちにとってボクシングとはむしろチェスゲームに近いもので、相手をいかに騙すか、先の先を読んで手を打っていくかということが、自分にとってのボクシングなのだと言っています。ボクシングはフェイントであると言っているわけです。すごくいい文章を書くんです、この人は。左ストレートに見せかけて左フックを打つというのは、ローマ字のIをLに変えるようなものだ、というような文章を書くんですよね。こういう文章を競技者自身が書くのが一番いいのですが、なるべく競技者の五感に近いところで書いてみたいという気持ちが強くあります。

司会　ありがとうございます。私も以前、スポーツ・ジャーナリズムの端っこに席を置かせていただいたことがあるわけですが、取材して近づいて凝視すればするほど、何か新しい発見がでてくるのではないかとドキドキするところが、スポーツのひとつの大きな魅力であると思います。

それではわれわれの大きなテーマであります、韓日共催に入っていきたいと思います。野村さんの『コリアン世界の旅』のなかにも実は韓国と日本のサッカーの歴史について書かれたくだりがございまして、そのなかで私が関心をもちましたのは、一九三四年、日本が占領していた時代の韓国・朝鮮で蹴球統制令というものがあったという話です。つまりサッカーを禁止するということです。サッカーをさせると朝鮮の人たちが日本にたいする敵愾心をより燃え立たせてしまう。すでにそのころ朝鮮の人々にとってサッカーはこのジャンルにおいては日本よりも優れているのだという気持ちになることができる媒体であったということです。そして日本はそのサッカーを禁止させようとこの法案をほぼ通していたのですけども、地元の人々の抵抗にあって、それは果たせなかったという話がございます。

是非、康さんに、韓国にとってサッカーがもつ意味はわれわれ普通の日本人のもつ意味とだいぶ違うだろうということ――対日本というものと深い関係があると聞いていますが――そのへんのことをまず、韓国にとってのサッカーという点からお話をしていただければと思います。

テレビ派とスタジアム派

康　私はかなり日本と韓国のあいだを往復していますけれども、日本と韓国は隣同士なのになんでこんなに違うのかなあと思います。今回、日韓共催ということでワールドカップを同時開催しますけれど、サッカーにたいする国民性や民族性が根本的に違うところがありまして、きょうはできるだけ韓国の情報をみなさんにお伝えしたいと思います。

韓国はワールドカップで非常に盛り上がっていますが、なんか、日本は半年後に来るのに盛り上がっていない気がします。それは日本は例えば東京とか京都とか広島とかポイントになる都市でやらない、これはワールドカップという世界的な行事をやるうえでちょっと世界にたいするアピール度が足りないと思います。韓国は、一応大都市をすべて網羅し

◀康氏

たうえで各自治体が熱意をもって取り組んでいます。これは本当に違いがあります。

ただ、観客の側からみますと、チケットが余ってしょうがないんですね、実際のところ。日本ではチケットの争奪戦が起きていますけれど、韓国はチケットはかなり余るだろうと言われていますので、みなさん、日本で漏れたらぜひ韓国で観てください。もしかしたら当日券まで出ますから。というのは韓国ではスポーツ観戦を生にこだわる傾向がないんですね。「どうせテレビでやるんだから、いいじゃないか」という感じなんです。実際、一九九九年三月にブラジルが来たときに、ナイキが二万枚のタダ券を配ったのですけど、一万席以上ガラガラでした。つまり六万人入るところが、一万席以上あいているんですよ。タダ券をもらっても満員にならない。あのブラジルがきて、試合は勝ったんですよ。その試合でも満員にならない。それから例えば一九八八年のオリンピックでいいますと、陸上競技がガラガラで、サラマンチ会長が怒ったんですよ。オリンピックといえば陸上が一番大事、これがガラガラなのはみっともないと言ったら、翌日超満員、総動員ですよ、公務員とか学生が。今回のワールドカップも私の予想では、*鄭夢準《チョンモンジュン》あたりから動員令がかかると思いますね。韓国はワールドカップの熱意があるのですが、現場で観ようというところまでいっていないです。スポーツ観戦を生にこだわる風潮がないということと、料金が高いということもあります。私がアピールしたいのは、ワールドカップは日韓でやるのですから、韓国で観ることも意義があると思います。ですから、そのことも頭のなかに入れて置きたいと思います。

＊鄭夢準▼韓国サッカー協会会長。ＦＩＦＡ副会長。韓国の次期大統領との呼び声も高い。

韓国の〝対日本〟モチベーション

康　それからもうひとつ。韓国は国の名をあげるためにワールドカップに取り組んでいます。

　さきほど、佐山さんからなぜ決勝戦をとらないのかというお話がありましたけれど、韓国にとって一番大事なのは決勝戦ではなくて、「コリア―ジャパン」という、まず「コリア」が先にくる名前なのです。韓国社会は完全な序列社会でありまして、どんなことに関しても上下をつけます。そういう意味でいきますと、日韓ワールドカップという名称ですけれども、世界にたいするアピールは、「コリア―ジャパン」でなければいけないのです。だから決勝戦を日本に譲ってまで、「コリア―ジャパン」にこだわったのです。ということで、大会の名称問題では韓国は非常に譲れないところがあったと思います。このあたりは日本では理解できないかもしれません。なんたってワールドカップは決勝戦が一番いいんじゃないかと。でも、違うんですよ。開幕戦をやって、開幕式でドカーンと韓国を紹介して、それで、名称も「コリア―ジャパン」、これ以上ないんです、韓国は。日韓共催の意味でいうと、韓国は〝名を捨てて実をとった〟、そんな感じがします。

司会　お隣の国なのに、考え方が想像できないほど違うというのはたいへん興味深いことですね。その韓国の人々が、サッカーの日本―韓国戦あるいは韓国―日本戦によせる想いは強烈なものがあるうえに、最近また変わりつつあるようです。前回のワールドカップの予選では一緒にフランスへ行こうという横断幕が出てみんなが感激したという思い出もあります。日韓サッカー交流ということで少しお話いただけないでしょうか。

康　プライドの高い韓国人にとって日本に勝てる唯一のものがサッカーだったわけです。日本に負けたくないというすべての気持ちがサッカーにでます。サッカーだけは負けるわけにはいかないというのが歴史的にありまして、一九七〇年代から八〇年代は圧倒的に韓国が勝っていました。ワールドカップも一九五四年、八六年から四回連続、合計五回出場しています。これはサッカーにたいする情熱と対日本という意味で韓国人のプライドを一番満足させてくれます。

ただ韓国はワールドカップに五回出ていますが、十敗四分、一回も勝っていない。なぜかと言いますと、日本に勝てばそれでいい、サッカーの面でも日本に勝てばいいということに執着して世界レベルでものを見ない。これが韓国サッカーのいまの苦境につながってしまったと思います。

日本にたいする民族性をアピールするうえで、サッカーというのはスポーツという枠を越えて全国民が一つになれる、モチベーションを高めてくれる一つの道具だろうと思います。それだけに絶対に負けられないと。よく噂話にありますけれど、一九七〇年代に行われたある日韓戦では韓国の選手が針をもってチクチクと日本選手を刺したそうです。これ、やられたらたまったものではないですよ。もちろん、日韓戦となりますと、ディフェンスは、日本選手を潰すつもりできます。九七年の予選のときも、カズが崔英一《チェヨンイル》に*尻《けつ》まで足でしめあげられたこともあります。それくらいに韓国は、とくにディフェンス面では、日本への対抗心を燃やしてきます。これは日本の方には理解できないのではないかと思います。強烈ですね。

＊尻まで足でしめあげられた▼九七年九月二八日、国立競技場で行なわれた日本—韓国戦（二対一で韓国勝利）で、日本のエースストライカー三浦知良（カズ）は韓国のDF崔英一に激しいマークを受けた。もみ合いの中で尾底骨を負傷したカズのコンディションは、この後悪化の一途を辿り、ついにフランス・ワールドカップのメンバーから外された。

六〇年代日本最強のサッカーチームは――

司会　野村さんのご本に、六〇年代・七〇年代に事実上の日本最強のサッカーチームであった在日朝鮮蹴球団の話が出てきましたね。これはどういうチームだったか、お話していただけますでしょうか。

野村　在日韓国朝鮮の人たちの団体が大きく分けて二つありまして、簡単にいうと一つは韓国系の人たちがつくっている民団、もう一つが北朝鮮つまり朝鮮民主主義人民共和国を支持する人たちがつくった総連です。その総連の傘下に朝鮮蹴球団というサッカーチームがありました。

どのような選手が入っていたかというと、日本の大学で活躍していた在日朝鮮人の選手たちが卒業したあと、当時、民族差別でなかなか就職先がなかったということもあり、またサッカーに秀でていたということもあって、サッカーのチームをつくろうということになったわけです。

この在日朝鮮蹴球団は日本サッカーリーグに属していなかったので、公式試合が一回もなく、全部練習試合でした。練習試合なんですけども、当時の日本選手権を制した釜本たちのいるチームに勝ったり、最盛期では無敵を誇ったわけです。

その後、その朝鮮蹴球団の力は七〇年代・八〇年代と下降線をたどっていきます。それは朝鮮の民族学校が、日本でいうと小・中・高そして大学があるわけですが、そこに入る学生の数が減っていった。当然のことながらサッカーをやる選手も減っていった。朝鮮蹴球団の選手はおもに朝鮮学校の出身者でしたから、選手層が薄くなったということがあります。もうひとつ大きな理由は、さきほど康さんがおっしゃったような、日本人には絶対勝たなくてはいけない、負けたくないという対抗心がバネ・原動力になっていたわけですが、在日一世の人たちに言わせるとその対抗心が薄れてきている、二世・三世……いまは五世までいますけれども、世代が下るにつれて、日本人には絶対負けないという気持ちが薄れてきているということがあります。そういうことから朝鮮蹴球団の実力とか存在感が弱いものになってきました。いまはJ2かそれ以下のレベルだろうと一般的に言われています。

私のほうから康さんにうかがいたいのですが、その韓国本国でも日本には何が何でも勝たなくてはいけないという気持ちは以前に比べると随分薄れているような気がするのですが、いかがでしょうか。

"日本はいい国だ"——韓国新世代

康　若い選手は日本の漫画を読み、日本のゲームをやり、日本の音楽を聴いて、「チョッター（いいなー）」と言っているわけですよ。そういう環境で育った選手が、いくら学校で植民地時代のことを教わっても、実際に日本への対抗心は昔ほど生まれてこないです。それから世代によって対日観がぜんぜん違います。一九四八年から六〇年までの李承晩《イスンマン》大統領は徹底的な反日教育をやりましたから、いまの五十代はたいへんですよ、日本にたいして。とくに今回の教科書問題にたいしてとても怒ってます。ところが二十代は、やっぱりそれはそれとして、日本にもっと学ばなくてはならないし、日本はいい国だ、人は親切だとかならず言います。

いまの韓国代表チームの若手の李東国《イドングッ》とか、みんな日本にたいして好感をもっていますし、小野とも親友です。日本への対抗心という意味ではサッカーでは以前ほどではないです。小さいころから「こうあらねばならぬ」と教えられていますので、頭のなかではわかっているのですが、実際、日本の漫画・ゲーム・音楽をみんな好きです。若者は日本にたいして好感をもっている人が多いです。これからそういう世代がどんどん社会に出てくると、対日観はかなり変わると思います。そうなるとサッカーも弱くなってくると思います。針でチョコチョコやっていたのが、抱き合うようになるわけですから、勝てと言っても勝てませんよ。

佐山　スパイクのスタッドの釘をパンツの尻ポケットから出してチクッというのは聞いたことがありますが、日本以外の相手にもなさったようですね――会場、笑い――。リードされたときに涙流しながら密着マークをしていたというのも聞いたことがあります。

共催ということにもどりますと、一〇月に、日本代表が二試合、フランスのランスと、イングランドのサウスハンプトンで試合をしました。これにぼくもついていったのですが、拠点をロンドンにおいていたのでBBCをいつも見ていたのです。ところがかならず「ジャパン―コリア」と言うんですね。アナウンサーは「コリア―ジャパン」とは一言もいわない。これで一回もめたことがあるわけですから、やっぱり韓国の組織委員会はチェックしたほうがいいのではないかと思いますね。

リーヴァーという女性の社会学者が、ブラジルのサッカー事情を綿密に調査した記念碑

◀佐山氏

的な論文があります。その本*のキーワードは「国民国家統合」という言葉だったと思います。サッカーを国民国家統合のためにつかっている国はものすごく多い。翻って日本の場合は皇室というものがあり、なおかつ大相撲が国技としてあり、人気スポーツのプロ野球がある。そんなハンデを背負って必死の韓国と戦うわけですから、これはかなり辛かったと思います。

個人的には、日韓代表のOB戦をもう何度かやっていますが、日本のサッカー選手との対比のなかで映し出される韓国の選手のたたずまいが好きです。韓国の選手は背筋を伸ばしていつも毅然としています。日本の選手は自由度が高すぎるんです。それにたいして韓国の選手は羨望とも非難ともとれない、なんとも不思議な表情を見せます。ウリナラ——わが国=韓国代表チームにとっての日本戦がどんなにプレッシャーか、ちょっとおかしいのではないかと、ある韓国代表の選手が日本のメディアに語っていたのを何年か前に読んで、ちょっとホッとしたことがあります。

八五年の予選に負けた日の夜に、森孝慈監督が、今から相手の監督の家に行くということで、ぼくを誘ってくれたんです。金正男《キムジョンナ》監督としても、仲が良いということが知られたら決していいことがないわけですから、森さんの気さくさを嬉しく思いつつも、いろいろと神経をつかったと言っています。

共催が決まるまえ、単独開催めざしてしのぎを削っていたときに、日本協会の重鎮がよくイヤミを言っていました。昔の仲間が誰一人出てこないではないか、協会はどうなっているんだと。国家主導で動いていることは確かです。共催決定プロセスを韓国の研究者・ジャーナリストと共同で調査しませんかと、立命館大学で開かれた日本スポーツ社会学学

*その本▼J・リーヴァー著『サッカー狂の社会学　ブラジルの社会とスポーツ』(世界思想社、一九九六年)

会のシンポジウムで提案してみたら、韓国の重鎮はけんもほろろでした。こうした事情を非難するのではなく、相対化することが必要なのではないかと思います。

〝あいつらには勝てんな〟――日本チームの口癖

司会　マリーニョさんは日本でサッカーの指導をなさっていますが、在日韓国朝鮮人の存在は大きいと感じたことがありますか。あるいは実際に対戦したこともありますか。

マリーニョ　ええ、ありますよ。昔七六年から七九年までぼくはフジタ工業でプレーしていましたが、そのとき在日のチームと試合やりましたが、やっぱり強かったですね。こっちは日本と韓国の問題はわからないので、自分は関係ないなという気持ちでやっていたんですけれど、やっぱりくやしいですよ。一生懸命やっているから、根性というかタフさ、日本のチームに負けたくないという気持ちがある。公式戦ではありません。練習試合でした。こっちはなんで練習試合なのにそんなに一生懸命にやらなければならないのと思っていました。練習試合だから負けてもかまわないという気持ちは日本の選手にありましたね。韓国の方はぜんぜん違いましたね。

じつはぼくの最初の在日チームとの試合の経験は学生のときです。最初ぼくは札幌大学のサッカー部にいて東京に遠征に行って、場所は覚えていないけれど、在日の大学チームと試合したんですよ。日本のサッカーとぜんぜん違うんですよ。大学でサッカーをやって、お客さんいないんですよ。札幌大のグランドでサッカーしているときは公式戦にしろ練習試合にしろ、お客さんがいないのです。その在日の韓国の大学とやったら、学生全員がでてくるんですよ。スタンドはありませんが、まわりで立って観ているんですよ。言葉がわからないので、何か言っている、何か変だなと思いました。ぼくはポルトガル語で返したんですよ。向こうはぼくを見てばかにしていると思ったので、ポルトガル語でバーっと返したら、すると小石を投げてくるんですよ。こいつらはただ者ではないな、ブラジルに近いな、と思いました。ブラジルのサポーターもけっこう激しいですけど。サッカーにたいする気持ちを感じましたね。日本の場合はサッカーに関してはちょっと冷たいなと思います。韓国は熱いなと。

いろいろと韓国との問題がありましたけど、根性とか、韓国の代表は技術がなくても根性では負けないと。いつも、日本の若い代表に入っていた選手の口癖になっていましたよ。「あいつらには勝てんな」と。こっちらかすれば、気持ちだけではサッカーは勝てないぞと思います。サッカーは技術であって、いろいろなファクターがありますけれど、深いなと。ぼくも正直言ってびっくりしました、「あいつらには勝てんな」という口癖には。いまいろいろ変わってきましたけど、そういうイメージはありましたね。強いというイメージが。がむしゃらでやる。変な意味でないですけど、キムチパワーはすごいなと。

司会　マリーニョさんがおっしゃるのですから、相当に強かったんでしょうね。

ときにオプヒュルスさん、ドイツでも第二次世界大戦中、隣国にかなり恨みを買うようなことをしたわけですけど、その後サッカーに強く反映された試合というのはありましたでしょうか。ドイツは強すぎるからサッカーで向かってくることは……。

オプヒュルス　ドイツにとって最初のポイントは、戦後の五〇年におこなわれたワールドカップではなくて、五四年にワールドチャンピオンになったこと。敗北した戦争のあとの大きなイベントですから。プライドを失いかけた西ドイツが五四年にワールドチャンピオンになったのはすごく大切だったと思います。復活した。イングランドは、戦争を忘れていないと思います。ヨーロッパ・チャンピオンシップのときに、イングランドは冗談で「もう一度新しい戦争で勝ちましょう」という風潮を広めて、外交的な問題になったこともあります。ドイツは忘れていると思いますが、隣りの国とくにイギリス・オランダはやっぱりドイツにたいする恨みが消えていないと思います。ドイツ人の感覚は深くないかもしれませんし、だいたい忘れてしまったかもしれませんが、それは隣りの国のオランダ人とかイギリス人に訊いたほうがいいと思います。

韓国では指定席に座ると怒られる!?

司会　それでは予定の時間を若干超過していますが、このテーマにつきまして、会場のどなたか、ご質問ご発言をしたい方がいらっしゃいましたら、挙手いただけますでしょうか。

発言者A　ワールドカップにそなえて、韓国も日本もスタジアムを新設していますが、新潟の例で言いますと、いままで使っていたものが小さいので、四万人収容の新潟スタジアムを駅からあるいて三十分くらいのところにつくりました。このまえのコンフェデレーションズ・カップ*でワールドカップの予行演習というかたちで初めて国際試合で使いましたが、シャトルバスが主な移動手段だったわけですが、たしか、シャトルバスの並ぶ場所がよく表記されていなくて、雨が降っていたんですけど、日本人でもまよって、シャトルバスが混んで、さらにスタジアムに向かう普通一般の乗用車も多く、試合の前半が終わっ

＊コンフェデレーションズ・カップ▼ワールドカップの前年に開かれる各大陸王者による大会。二〇〇一年、日本は準優勝を果たしたが、これはメキシコ五輪銅メダル、九九年ワールドユース準優勝を超える、日本サッカー史上最高の成績である。

てやっと会場に到着した人が千人以上いたんですよね。日本人でも迷うのにシャトルバス乗り場とその切符を買う場所の英語や外国語の案内もなにもなく、試合を観られない人が実際にでたわけです。新潟の例しかぼくは知りませんが、全国にもスタジアムが新設されていますし、韓国にもワールドカップに備えて新しくスタジアムをつくったと思います。新潟の場合、外国語の案内や混雑したときの対応とか、問題が浮き彫りになり、良い教訓になりました。傘も持ち込めないのですが、外国の人がそこで傘を取り上げられて、もめごとになった場合もあろうかと思います。シャトルバスのチケットは会議室の普通の机の上で売っているのですが、日本人だから順番よく並んでいるが、横から入る問題、日本人だけでもいろいろ問題があるのに、そこにいろいろな国の人が入ってきて大丈夫なのかという問題が浮き彫りになったと思います。康さんにおうかがいしたいのは、韓国でも運営していくうえでの問題はあるでしょうか。

康 すごい大問題がありまして、韓国のスポーツファンは指定席があっても、そこに座らないのです。基本的に自分の指定席に座らない。指定席の券をもっても、「あいている、あいている、そこだ、そこだ」と座ってしまう。先に来た人から座っていく。自分の指定された席にあまり座っていません。韓国には指定席に座る習慣があまりなく、例えば、特急電車で私が自分の指定席のチケットをもっていても誰かがそこに座っていまして、「すみません、そこは私の席なんですけど」と言いますと、「何いっているんだ、ほかにあいている席があるんだから、そこに座ればいいじゃないか」と逆に私が怒られてしまいます。それくらい韓国では決められた指定席に座るという習慣があまりないので、ワールドカップになったら大混乱になりますよ。

二〇〇〇年四月のソウルでの日韓戦ではさすがに超満員になりましたが、指定席なのに階段にいっぱい座っているんですよ。あれは遅れてきて自分の席を誰かに奪われてしまった人が階段に座っているのです。あんなこと、もし、ワールドカップでやったら、そして何か事故が起こったら、たいへんなことになります。

指定席に座る習慣がないので韓国ではいま「マナー向上キャンペーン」を大々的に行って、指定席にちゃんと座りましょうとやっています。――会場、笑い――本当ですよ、これ。

入場するとき、いちいち身元確認などできるか疑問ですよ。つまり、観客のいままでの習慣として、指定席に座る習慣があまりなく、日本人みたいに列を作って並ぶことも苦手です。もし、私が並んでいまして、前にちょっと空間があくとそこに誰かが入っちゃう。たぶん、ワールドカップになったら大混乱になると思いますけど、いまからあんまり心配していないと思いますよ。そういうチマチマしたことを考えない国民なんです。

このまえ大邱《テグ》に行きまして、あるサッカーファンにフーリガンが来たらどうしますかときいたら、「来たらやっつけてしまえばいいじゃないか」と言っていて、ぜんぜん心配していません。日本はフーリガン来たら「どうしよう、どうしよう」と言っていますけれど、韓国は「来るなら来てみろ、やっつけてしまえばいいじゃないか、そんなやつ」。日本とはだいぶ違います。

それから韓国人は時間にルーズなのでそのへんは心配ですね。ゲームが始まってもスタジアムにまだ空席が目立ち、だんだん埋まるということになると思います。そういうことは心配ですね。

発言者A　おっしゃることはわかります。チケットは外国の人にとって高価なわけですから、観られない人がでること自体、運営上の問題になると思います。あとで考えた場合、ワールドカップがしっかり成功したのかとどうかの指針の一つになるのかと。

司会　時間がやや超過してしまいました。会場や運営のことについては午後の二つめのディスカッションのときに再度、そのときにはお着きのはずの伊東編集長を交えてじっくり話し合ってみたいと思います。

それでは最初のディスカッションはとりあえずここまでとさせていただきます。どうもありがとうございました。

corner-kick

カウンターパートナーとして

——康さんは、今大会が本当に日韓関係の未来を開くためには、どのような流れを生み出してゆければよいとお考えですか。

康　九六年五月に日韓による共催が決まった時は、それぞれの国にとって「負けに近い引き分け」っていう雰囲気が強かったと思うんです。でも、僕はあの時、「これは日韓交流にとって画期的なことになる」と思いました。政治や経済レベルで達成できないことが、このスポーツの大イベントを通して一気に実現するだろう、と。実際、九八年に金大中大統領が来日して日韓共同声明というのを発表しましたが、あれでぐっと日韓関係は前進したという雰囲気になりましたよね。

しかし、実際の開催準備ということになると、特に一次リーグは「分離開催」になってしまいました。一番の失敗は、組織委員会を二つ作ったことですね。あれはやっぱり、色々難しい問題はあったにしても、組織委員会を一つにするべきだった。そうすれば、「共催」ムードは一気に高まったはずです。昨年（二〇〇一年）はサッカー日韓戦もなかったですから、サポーター交流などの付随イベントもありませんでしたし、その点では「共催」ムードは盛り上がりませんでした。

ただ、それでも今大会は、間違いなく日韓関係を前進させる橋渡しになると思います。

組織委員会こそ二つですが、「共催検討委員会」というのができて、開会式をソウルでやって決勝を横浜でやるとか、そういう交渉の流れはスムーズに行きましたよね。ぼくは、ああいうのももっとモメると思っていたんですよ。それが意外とスムーズに運んだ。それに、九八年にワールドカップ・フランス大会に日韓ともに出場した際、サポーター交流も一気に進んだんですよ。すばらしい交流イベントがいくつも行なわれました。今年は日韓交流年になってますし、いろいろなイベントが予定されていますし、やはり日韓関係にとって記念碑的な大会になると思います。

――日本のサポーターの方々が韓国を訪問するのは、どんな雰囲気ですか。日本の人々が韓国語を勉強したりもするんですか？

康　いや、そういう人はあまりいないですね。ただ、一般的に言って、韓国語を勉強している日本の方は増えてきていますし、韓国でも日本語を学ぶある種のブームみたいのは起きていますよ。サポーターの交流という意味で象徴的だったのは、九八年の四月一日に、ワールドカップ・フランス大会を二ヵ月後に控えてソウルで日韓戦があった時のことです。雨の中の試合で、二対一で韓国が勝ったんですが、その試合が終わった後で、ソウルのオリンピック競技場の近くのホールで、二百人から三百人くらいいたと思うんですが、日韓のサポーターが交流しようということで集まったんです。三時間くらいですかね、日本側の通訳が吉崎（英治）さんという方なんですけど、今『サッカーマガジン』に韓国情報を連載している方で、韓国レッド・デビル側の通訳が、『サッカー・ダイジェスト』に記事を書いている慎《シン》武宏《ムグァン》さんでした。この二人が交互に壇上に上がりつつ、双方を代表しながらうまく通訳をしたので、お互いの意見を戦わせながらも友好的な交流ができたと思います。

そういうのを見たとき、あるいは、実際にフランス大会のために「韓日合同応援団」が作られて、日本と韓国の試合を合同で応援しようということになったとき、ああいう高まりを見ると、それまででは考えられなかったことが起きている、と思いましたね。

現実的に言って、もう「日本だけ」、「韓国だけ」のサッカーの発展ってありえないと思うんです。お互いにカウンターパートナーとして、「日本が駄目になったら、韓国も駄目になる」みたいな、ブラジルとアルゼンチンみたいに、両国がライバル意識をもって競争し合いながら高まっていく関係にならないと。サッカーに限らず、日本人がいろいろな意味で「対等」に近い形で対話できる国民というのは韓国しかないと思うし、世界中見たって、日本と韓国ほどお互いに理解し合える土壌を持った国民ってそうはないと思うんですね。日韓は、言葉の共通性とか、「情」を大事にする人間関係とか、いろんな文化が似ていますよ。二十一世紀において、日韓両国はパートナーシップを高めていかなくちゃいけないと思うし、そういう意味では最初にワールドカップがあったことは幸せなことじゃないでしょうか。

韓国人は、日本のことをよく知っているのですが、片寄った知り方で、自分たちに都合のいい部分だけ知っている。日本の欠点とか、かつて朝鮮半島でこんな悪いことをした、というようなことばかりを——。一方、日本の人は隣国なのに韓国をほとんど知らない。サッカーは、そういう意味でとってもいい教材です。韓国のサッカーを見てもらえれば、韓国社会のさまざまな特徴や問題点がどんどんわかってくる。今回のワールドカップをきっかけに、多くの日本の方がサッカーを通して韓国を知っていただけるとよいと思います。

――康さんのような、「在日」の方々にとっては、今回のワールドカップはまた特別な思いがおありでしょうね。

康　結局、総連、民団と分かれていても、在日の人々の九五パーセントは韓国に故郷があるんですよね。僕も、済州島の故郷に初めて行ったのは、四十歳過ぎた九七年でしたけれど、もうやっぱり、涙がでるくらい感動するんですよ。で、そういう思いっていうのは、一世はもちろんですが、二世、三世でも変わらないんです。今度はその自分たちの故郷、自分たちの両親の故郷でワールドカップが開かれる。それを見たい、っていうのが率直な気持ちだと思うんですよ。で、「ワールドカップ在日後援会」っていうのがあるんです。この前、約六五〇〇万円を日本の組織委員会に寄付したんですけど、この団体は故郷でワールドカップを見たいという在日の人たちを支援する活動をしています。

――日本と韓国は、徐々ではあっても友好・交流を高めつつあるとは思います。ただ、折に触れて「障壁」として浮上してしまうのが歴史認識の問題ですね。民間レベルで韓国の人々と交際するときに、この問題をどうクリアしていけばよいでしょうか。

康　歴史認識の問題は、たしかに難しいとは思うんですよ。起こったことは一つでも、見る立場はさまざまですからね。この問題と、「竹島（韓国では独島）」、「靖国参拝」の三つの問題は、当分残ると思います。ただ、韓国人が怒るというのは、一時的な感情の高まりに過ぎない場合も多いんです。日本から韓国に留学する学生さんたちがよく驚くのは、「韓国人はすぐ怒るけれど、翌日には『よおっ』って近づいてくる」ということなんですね。日本人はいったん喧嘩になっちゃうと、しばらくは口をきかないとか、下手するとそのまま絶交になっちゃったりしますよね。ですから、韓国人が怒ったからといって、その場の険悪な雰囲気に流されずに対話を続ければ、新たな友情っていうのも生まれてくると思います。

とりあえず、現実的な手始めとして、日本では「日本海」、韓国では「東海」と呼ばれているあの海の名前について、合意に達することを試みてはどうでしょうかね。世界的には「日本海」とされることが多いと思うんですけど、韓国は納得していないわけですよ。かといって、日本から見たら、あの海は「東」なんかじゃない。この呼称について新たな合意に達することができれば、日韓関係についての新たなメッセージを世界に発信することにもなるんじゃないですか。

［講演］

ブラジル人にとってのサッカー

——マリーニョ

ゴッドファーザーのサッカーボール

みなさん、こんにちは。このタイトル、〝ブラジル人にとってのサッカー〟について話すのは、簡単なようで難しいことだと思っています。

とりあえず、サッカーは私たちにとって、宗教のようなものだと思ってください。それくらいたいへんなものです。環境がそうさせるのかなと思います。例えばぼくの場合、生まれたとき、最初のプレゼントは、お父さんが好きなチームのユニフォームシャツでした。ブラジルには赤ちゃん用のシャツもあります。日本はJリーグが始まってから、日本代表のユニフォームができましたけれども、ぼくが日本に来た二十六年前、たしか小学校の子供たちが着るような、クラブチームのユニフォームはありませんでした。私たちの場合は、もう生まれたときから、赤ちゃん用のユニフォームがあるのです。男の子が生まれると、お父さんがユニフォームを買ってプレゼントする。あるいは親代わりになる人、ブラジルはカソリック系が多いから、洗礼を受けるときは親代わりになる人がいる、英語でカッコよくいうとゴッドファーザー、ポルトガル語ではパドリーニョといいます。お父さんかそのパドリーニョが、日本語で簡単にいうと二番目のお父さんと言ってもいいでしょうが、その二番目のお父さんからシャツをもらいます。

三歳、四歳になってから、ブラジル人の男の子が皆そうするように、一回くらいはどこかでサッカーボールのプレゼントをもらったことがあります。親からか、おじさんからか、一回はサッカーボールをもらうわけです。女の子だとお人形、男の子だとサッカーボール。

◀マリーニョ氏

親やお兄さんたちがみんなサッカーをやっている。親の話はサッカーのことばかり。そして外に出るとみんなボールを蹴っている。だから自分もボールを蹴るしかないですよ。そうしないと仲間はずれになるのですから。最終的には興味はサッカーしかない、そんな感じになります。

もちろんそのあと、学校に入って、クラブに入って、いろいろなスポーツに触れますが、やっぱりブラジル人は必ずと言ってもいいくらい、一回はサッカーをやるわけです、男の子は。女の子もたまにやりますよ。だけどもそれは普通のことではない。ぼくにはお姉さんがいまして、ぼくが小さい弟たちとボールを蹴っていると、お姉さんが入ってきて、まだ五歳か六歳のときですからね、一緒にけっこう遊ぶわけですけど、そのときお母さんがすぐ大きい声で「やめなさい、これは男のスポーツ*だから、女の子はやるもんじゃありません」と。ですからいまでもブラジルの女子サッカーは弱い。昔からサッカーは女のスポーツではなく男のスポーツだということになっています。私たちはそのイメージでずっと育ってきました。

ですから、まあ、しょうがないからサッカーやるしかない。日本の場合は野球だったんではないかな、最近変わっているかもしれませんが。二、三十年前までは、野球は同じような環境だったのではないかとぼくはみています。

新聞広告に「私はアトレチコのファン」

ボールを蹴り始めると、今度は自分のチームを決めなくてはならないのです。お父さん

*男のスポーツ▼確かに、アメリカ、中国、スウェーデンなどが強い女子サッカー界において、以前ブラジルはとても「王国」とは呼べなかったが、最近は女子サッカーでも、体力だけでなく、技術も戦術も高いレベルが要求されるようになり、ブラジル女子サッカーも急速に発展しつつある。男女問わずブラジルが「王国」と呼ばれる日も遠くはないかもしれない。

はいつもうるさい。おまえ、このチームはいいんだよ、このチームを応援しろよな、と。でも一方で、ある叔父さんがライバルのチームが好きで、違う、このチームがいいんだよ、あのチームは弱いから、こっちのチームを応援しましょう、と誘ってきます。

四、五歳になると、今度はまわりとの駆け引きになるんです。叔父さんの好きなチームのシャツをもらう、同時にお小遣いもくれる、するとお父さんはそれをみて違うシャツとお小遣いを出すわけです。ですから本当に迷うんですよ、小さいときから。好きな叔父さんがお父さんのチームと違うチームが好きで……。お父さんとお母さんの好きなチームが違う。じつはぼくの弟はそうです。弟があるチームが好きで、その女房がライバルのチームが好きですから。子供たちは迷うわけです。お母さんがあのチームがいいんだよ、違う、お父さんがこのチームがいいんだよ、と。そうなると自分で決めるから、そこから教育が始まるわけです。好きなチームが変わっちゃいけませんよ。チームが変わったら、その人はもう信用できないぞと言われるわけです。

ぼくの街、知っている人がいるかな、ベロオリゾンテ*という街、ブラジルの三番目の都市です。経済的な面でも、人口的な面でもブラジルで三番目の都市です。ちなみにいま人口はだいたい三百万人くらい、サンパウロが一番目で、二番目がリオ、三番目がベロオリゾンテです。なぜみんなあまり知らないかというと、観光の面で何もないからです。ベロオリゾンテのいいところというと、空気がいい、冬もそんなに厳しくはないし、夏もいいところですから、住みやすいところです。宣伝しておきましょう。働くならサンパウロ、やっぱり経済が強いですからね。遊ぶならリオ、リオデジャネイロは遊ぶ所は多いし、きれいだし。住むならベロオリゾンテ。私たちが唯一できる自慢です。住みやすいところで

＊ベロオリゾンテ▼ブラジル東部中央に位置するミナス・ジェライス州の州都。ミナス・ジェライスとは「あらゆる鉱物」という意味で、その名の通り、鉱石・宝石が大量に産出される。

す。治安は都会のなかではいい方です。

そのベロオリゾンテには、アトレチコ*というチームがあって、クルゼイロ*というチームがあります。二つはライバルチームです。日本でいう阪神・巨人なんて目じゃないです。ライバルというより、敵ですよ。どれくらいたいへんかというと、ある人が、街の実業家ですが、アトレチコのファンだったわけで、そのことはみんな知っているわけです、有名な人ですから。その人の変な噂が流れたのですが、それは、ある年クルゼイロが優勝したら、その人がクルゼイロのファンになった、という噂でした。そうしたら、その人は何をしたと思いますか。そのベロオリゾンテ市の一番有名な新聞の半ページを買って自分で広告を出したのです。「私は変わりません。むかしから、いまでも、アトレチコのファンです」と。なぜこんなことまでしなければならないかというと、悪い噂が商売につながったら困るからです。あの人は信用できないから、商売も信用できない、そう思われることを心配してその人は新聞の広告欄を買ったわけです。それくらいたいへんなのです。

アトレチコのユニフォームの色は縦じまの白黒です。クルゼイロは青色のユニフォームです。ぼくの友だちが、いまは六十歳近いですが、むかしからアトレチコのファン、白黒です。その人は一番好きな天気は何ですかと訊かれると、曇りですとこたえます。一般の人は晴れの日が好きだと思うのですけど、その人は曇りが好きという。なぜかというと青空が見えないから。青いシャツをプレゼントされても絶対着ない。ものを書くときは青のボールペンは使わない。黒ばかりです。クルゼイロと試合して負けると泣くんですよ。その人はレストランをいくつも持っている、仕事では成功している人です。息子が二人、娘が一人、息子も結婚していますし。試合に一緒に行って、アトレチコが負けてクルゼイロ

＊アトレチコ▼クルーベ・アトレチコ・ミネイロが正式名称。一九〇八年、サッカー好きの学生たちが授業をサボって創立。一九七一年、テレ・サンタナ監督の下ブラジル選手権を制す。現在、鹿島アントラーズの監督を務めるトニーニョ・セレーゾもかつてこのチームでプレーしたことがある。

＊クルゼイロ▼クルゼイロ・エスポルチ・クルーベが正式名称。一九二一年、イタリア移民が創ったクラブで、パレストラを名乗った。四二年ブラジルが枢軸国ドイツ・イタリア・日本に宣戦布告したとき、チーム名とユニフォームを変えた。七六年と九七年にリベルタドーレス杯で優勝。七〇年ワールドカップ優勝の中心選手トスタン、最近では怪物ロナウドが所属した。クルゼイロとは「南十字星」のこと。

が勝つと泣きます。信じられない。私は初め冗談だと思った。相手のクラブの名前を呼びません。「あいつら」です。以前困ったときがありました。ブラジルの通貨はむかしクルゼイロだった。*その人は商売しているから、「これはいくらですか?」ときかれると、「二〇あいつら」だと答える。クルゼイロとは言えないから。クルゼイロという通貨を「あいつら」にしてしまった。それが有名になりました。それで商売繁盛になったという噂もありますけれど。とにかく、相手クラブの名前さえ呼ばないんです。

クルゼイロの方もそうですよ。激しいファンも何人かいて、アトレチコのことになるともう本当にライバル意識があって……ライバルというより敵ですから。それぐらい激しいのです。私たちはそういう環境で生まれ育ったわけです。

敵チームのテストに合格してしまって……

ぼくには面白いエピソードがあります。ぼくはお父さんの影響でアトレチコのファンです。白と黒。ずうっとサッカーが好きで、サッカーをやって、まあまあ、近所ではうまい方だったんですよ。友だちが「おまえ、お金のためにテストを受ければいいよ」と言った。ぼくはチビだったので、小学校と中学校では並ぶときはいつも前の方です。身長がないからダメじゃないかなと。でも、お父さんの友だちに頼んでテストを受けに行ったんですよ。案の定、門に行ったら、「おまえダメだよ、きょうは十四歳以上のテストだから。小学生はダメだよ」と帰らされました。これは困ったものだなとすごく寂しい思いをしました。

時間がたって、またうちのクラブの監督が、「お前うまいから、今度練習に行けよ、今度

*クルゼイロだった▼現在は「レアル」である。

はクルゼイロに行けよ」。冗談じゃない、クルゼイロに行くわけにはいかない。「いいじゃない、お前はアトレチコ・ファンだけど、行けばいいじゃない」と。うるさくて、いろいろ言ってくるもんですから、結局行きました。そうしたら、受かっちゃいました、そのクルゼイロで。テストやって、監督から「来週も来てください」と言われました。うれしくて、でも寂しくて。うちに帰ってなんと言えばいいんだ、お父さんに。お母さんに相談しました。お母さんも事情はわかるわけですから。「黙っていた方がいいかな。次の日曜日、試合があるから見に行くと言っていたけど。ぼくは敵のクラブ、クルゼイロにいるんだから……」。ぼくはいままでは、うちの近くのクラブ、クラブといっても日曜日に集まって試合して普段は練習しないクラブですが、そのクラブでプレーしていましたから、お父さんが見に来たらどうするんだと。するとお母さんは、「大丈夫、今度の日曜日はお父さんは出張でいないから」。それでその日曜日は問題なかった。でもやっぱり練習が始まります。向こうのクラブ組織は年齢別に分れているから、十五歳のレベルは週に一回は練習に行かなくてはならない。いつかお父さんは気がつく。どうせわかるからと、しょうがなくお母さんに頼みました。お母さんがお父さんに本当のことを言った瞬間をまだ憶えています、お父さんの顔を。本当に顔が真っ赤になって「嘘だろう」と。「いやじつは……」。じっと何も言わなかったですよ。いや、困ったな、これは絶対ダメだなと思いました。それで「わかった」。終わり、話は。マジな話ですよ。お父さんと一週間、話ができなかった。向こうが話しかけてくれない。お母さんは少しずつ少しずつ「しょうがないじゃないの、子供だから」と話してくれて、やっと認めてくれました。だけどぼくはクルゼイロで試合を十五歳からずうっとやっていたのに、見てもらったのは十八歳になったときです。あとで訊いたら、アトレチコとクルゼイロの試合のときは観戦に行っていたらしいですが。私たち優勝したことがあるんですよ。でもお父さんの機嫌が悪くてその話はできませんでした。三年後はじめて私の試合を見に来てくれた。それぐらいたいへんだったわけです。

〝見ながら〟覚えるか、〝練習で〟覚えるか

いまワールドカップ予選でブラジルが危ないわけですが、一位はアルゼンチンで、二位がパラグアイ、三位がエクアドル、ブラジルは四位。* ウルグアイが近くて危ない。このあいだカルドーゾ大統領の発言がありまして、ブラジルがワールドカップに出られなかったら、経済がダメになるんじゃないか、と。一般の人たちは、それは関係ないだろうと言いますが、いや、関係あるんですよ、絶対に。いまも経済はあまり良くはありませんが、もしブラジルがワールドカップに行けなかったら、もっと悪くなる可能性は十分あると思います。それくらいみんながサッカー好きなのです。

どの人でもサッカーを、さっき言ったように、一回はやるわけです。環境がそうさせているからです。日本と違うのは学校の部活がないですから、私たちはクラブでやるわけです。クラブがあって、そこでいろいろなスポーツをやるわけです。学校では、ゼロとはいえませんけど九〇パーセントは学校のなかでやりません。学校の体育の授業で教わりますが。中学の場合、学校が始まるのは三月。三月の体育の時間で私たちの場合、バレーボールの練習とルールを先生が教えてくれる。四月になるとクラス対抗の大会をやります。五月になるとバスケット、練習の仕方を教えてもらう。六月になると大会をやる。七月は冬

＊ブラジルは四位▼結局ブラジルは最終戦でベネズエラを破り、三位で南米予選を通過、十七回連続出場を決めた。

休み、八月になるとハンドボール、ルールと練習の仕方を教わって九月に大会をやる。十月になるといろいろなテストがあるから、先生がほっといてサッカーをやります。サッカーの場合は何もしません。みんな知っているから。勝手にボールを蹴るだけですから。裕福な学校はテニスや水泳をやったりしますが、だいたいみんなはこのようにスポーツに触れるわけです。ですから面白いことになるんですよね。ブラジルのバレーボールの代表、けっこう強いですよね。ウォーミングアップはサッカーですよ。みんなサッカー好きでサッカーをやったことがあるからです。サッカー選手になれなくとも、ほかのスポーツをやっても、みんなサッカーが遊びでできます。テニスのグスタボ・クエルテンという選手がいて、そのクエルテンもサッカーが好きで、やっぱりウォーミングアップはサッカーをやります。

それぐらいみんなサッカーが好きで、サッカーに触れるわけです。やめられないんですよ、ほかのスポーツをやっても。そこが日本と大きな違いです。

そんなにサッカーが好きなブラジルからぼくが日本に来たとき、どういう印象を受けたか。札幌大学にいましたが、ぼくとあと二人がブラジルから留学に来ましたが、勉強するためではないですよね、サッカーやればいいという考えがありました。最初の練習のときは、私たちが来て、そのときはもの珍しくて、何人も見に来ましたよ。次の日の練習には誰もいない。おかしいな。ブラジルだったら、子供の遊びのサッカーでも誰か見ているのに。おじさんが口を挟むわけですよね、それは違う、こうやればいいんだよ、と。ま、それは自然の指導ですね。日本に来たら、誰も見ない。公式試合をやるとき、スタジアムでやると思ったら、行ったら川原のグランドですよ。お客さん、ゼロ。マネージャーがいて、おたがいのリザーブがいて、終わり。なんでこんなに人気がないのだろうか。これが一番ビックリしたことです。テレビひねっても、サッカーの番組はない。さっきの話であったように、「ダイヤモンド・サッカー」が週一回、寂しい、サッカーを見られない。サッカーに関しては日本はまだまだだなあと思いました。札幌だからかな、雪があるからかなと思いましたが、周りの人に聞いたら全国どこに行っても同じだよということでした。

体育館に行ったら、またびっくりしたことがありました。体育館はすごい立派ですよ。さすがに雪国ですからね。暖房もついていますし、すごい。でも、なんか違うな、なんか物足りないなと思いました。やっとわかったことは、スタンドがないのですよ。だいたい日本の体育館は、学校の体育館、市営の体育館、けっこうありますが、スタンドのないところが多い。そこに、ブラジルと日本のサッカーの違いのすべてが始まるのではないかと思います。いま指導者の立場になってよくわかったことは、ブラジル人はサッカーを見ながら覚えていくことです。日本の場合は練習しながら上手になろうとする。そこが大きな違いではなかろうかと思います。いま指導者の立場になって、子どもたちにまず言うことは、とにかくサッカーを多く見ましょう、数多くのサッカーを見ないとうまくなりませんよ、ということです。子どもに言います。「クリケットしている人、手を挙げなさい」。誰も知らない、子どもたちはクリケットというスポーツを。ではこれからクリケットしましょうといったら、できますか。できません。なぜできないか。見たことがないから。やったことがないから。ですから、サッカーをうまくなりたい人は、見ないとうまくなりませんよ。どういうものか、どういう風にやるかということを。見て、覚えていく。それがブラジルと日本の大きな違いです。

サッカーって遊びじゃないか

私たちは環境のせいでサッカーの試合をずっと見ていて、自然の指導を受けたり、やっぱり違います。ただ見ることだけでなく、日本の子どもたちは、あるいは日本の多くの人たちは、何かのためにサッカーをやっています。まず協会のため、二番目は身体を鍛えるため、三番目は仲間づくり、四番目は遊ぶため、そこがブラジルとの違いです。ブラジルは反対です。最初に遊ぶためにあります。私たちのサッカーのイニシエイションは練習ではありません。ちなみにぼくが初めて練習したのは、クラブに入った十四歳のときです。十四歳までは練習したことがないです。ボールはたくさん蹴っていました、毎日、ボールを蹴っていた。指導は受けたことはない。うるさいお父さんの、こうじゃない、ああだと、叔父さんが隣りにいて、そうした自然の指導は受けましたが。ですが初めて練習したのは十四歳のとき。ほかのブラジル人選手のことをきくと、だいたい同じです。平均で十五歳です。みなさん、知っていると思いますが、アルシンド*という選手は——いましたねえ、あのカッパの——十七歳から練習を始めました。それまで何をやっていたかというと、田舎で生まれて、お父さんの農業の仕事を手伝って、あとはサッカー。友だちとボールを蹴って、日曜日は小さい町のチームに入ってボールを蹴っていた。十七歳のとき、あるプロチームのスカウトが彼のプレーを見て、フラメンゴというチームに連れていかれた。もう一人、もっと極端な例があります。ベルディのペレイラ選手がいましたな。九三年にJリーグが始まりましたが、九四年のJリーグMVPの選手です。その人が練習を始めたと

＊アルシンド▼かつて鹿島アントラーズ、ヴェルディ川崎、コンサドーレ札幌でプレーしたブラジル人選手。男性かつらのコマーシャルでは愛嬌をふりまき人気者になったが、ピッチ上では規律を欠いていた。

きは十九歳でした。アルシンドは南の出身で、ペレイラは北の出身です。ずっとボールを蹴って、十九歳のときにプロのスカウトの目にとまり、ひっぱられて、バイーアというチームに連れていかれました。

練習してうまくなる――もちろん、プロ選手は練習しなければならない、うまい人は練習しなければならない。それがブラジルの考え方です。下手な人には練習させません。うまい人は練習させる。うまい人はもっとうまくなる。素質のない人、うまくならない人、いいんです、その人たちは将来のお客さんです。その人たちは失くしてはいけない。やめさせてはいけない。なぜかというと、金を払う人だから。金もらう人、グランドに出てプレーする人はわずかな人、金払う人は、スタンドに座る人、この人たちは多いです。何万人が入るスタンドにたいし、一試合には二十二人しか出られない。うまい人は練習しなければならない、うまくならない人は練習しなくていい。

遊びでもいいのです。だからみんな、やめられないのです。ブラジルでサッカーをやめた人というのは、六、七十歳の人です。ブラジル人はサッカーをやめられないのです。遊ぶ場所があるから。下手な人でも遊べる場所がたくさんありますから。さっきの話ですけれど、サッカーは遊びですから。どのスポーツでも始まりは遊びのはずです。小さい子どもがいて、ユニフォームを着させて、コーチがいて、さあ練習しましょう、というのを見ていると、いまの日本はJリーグができてすごくよくなりましたけど、いま以上にうまくならないのではないかなという気がします。環境を変えないかぎりは、難しいのではないかな。

〝遊ぶ〟という環境

コーチがいなくなると、ぼくも子どもの面倒をみるから経験があるのですが、自分が指示してこういうふうにしましょうと言うとその通りにするが、勝手にやってくださいと言うと、戸惑うのです。コーチがいないとどうすればよいかわからないので困るわけです。遊び慣れていないのかなと思います。ぼくはいま全国をまわっていろんな人に話をしていますが、まず理解してほしいのは、子どもたちにはそんなに極端に指導しなくてもいいということです。もっと子どもたちを遊ばせてあげましょうよと言います。個性をもっと伸ばしてあげましょうよ。練習しなければうまくならないというのなら、ブラジルとかアルゼンチンとか、とくに南米・中南米はどうなっているでしょうか。そんなに組織化されていない、金もあまりない。でも面白い選手が出てくるんです。ですから環境を変えれば間違いなく日本でも、いまよりもっと面白い選手が出てくるのではないかと思います。いまちょっと管理しすぎているのではないかという気がします。それと同時にもっとサッカーが好きな人が増えるのではないかと思います。一番困るのは下手な子どもに練習させることです。嫌いになりますよ、絶対に。できないから。ブラジルではサッカーとサンバは学校で教えてくれない。向いている人が自然に覚える。みんなが触れる、でもうまくできる人はわずかですよ。ブラジル人ならサッカーできる？　できない。ブラジル人ならサンバできる？　できない。楽器たたく？　だめです、できる人はわずかな人です。向いている人、リズム感のある人がサンバがうまくなる。向いている人はサッカーがうまくなる。そこを日本も認めればいいなといつも思っています。子どもの時代には遊ばせましょうよ。

ゲームをたくさんやらせて、試合をたくさん見させて。そうなったらもっと面白い選手が出てくると思います。環境を変えれば間違いなく、いまよりも日本はもっとサッカーが面白くなるんではないかと思います。理解してほしいのは、サッカーというのは遊びです。何年とっていても遊べる、うまくならなくてもいい、うまくなる人はわずかですから。そうなったら日本のレベルはもっとブラジルに近づく、ヨーロッパにもっと近づくのではないかと思います。ブラジルみたいにサッカーが好きな人がもっと増えるのではないでしょうか。

日本はまだワールドカップを楽しんでいない

日本でもいますよ。言葉は悪いかもしれませんが、むかしから言う〝サッカー狂い〟が。浦和レッズ・サポーターの半分はそうじゃないかと思います。柏レイソルもけっこういますよね。喧嘩をしたり極端になるのは、ぼくも好きじゃないですけど、やっぱり好きなチームがあって、ライバルのチームに勝つときはうれしい。サッカーが好きな人が増えれば、サッカーは楽しくなるのではないかと思います。ワールドカップもいま以上に楽しめるのではないでしょうか。まだ楽しんでいないのではないかという気がします。もったいないなといつも思っています。ワールドカップは来年に始まるのではなく、外国の考え方ではフランス大会が終わったとたんに、日本と韓国のワールドカップが始まるのです。四年間あるのです。四年間楽しめる。日本を見ていると、まだ楽しんでいないなと、残念だなと思います。せっかく大きな祭りが日本でできるのだから、もっと楽しめるはずなのですが。どれくらい楽しい祭りか、みなさんがまだ触れたことがないからわからないのですよ。私たちにとって、ワールドカップが四年間しかないのだから、もう、待ち遠しいというか。いまJリーグやって、アジアのカップをやって、ヨーロッパのチャンピオンリーグをやって、なんのかんのもいいですけれど、ワールドカップはワールドカップです。そこで世界一を決めるということがあって、楽しみです。頂点ですからね。それを近くで見られるということはすごいことなのです。実はブラジルでワールドカップをやったとき、ぼくは生まれていませんでした。一九五〇年[*]にやったから。話は何回も聞いていますが、生まれていなかったから見ていないのです。お父さんやまわりから何回も話を聞いたから、見たような気がしますよ、ぼくは。なぜかというと、決勝でブラジルが負けましたからね。なぜ負けたのかをずうっと聞かされていますよ。ぼく自身は見ていないですけど、すごい大会だったんだなと。今度は日本に住んでいますから、日本で見られる、自分が住んでいるから見られるということはすごいことで、とても楽しみにしています。毎日、新聞をみて、このチームは来るかな、今度はオランダが来ないな、かわいそうだな、でもブラジルの多くのファンはざまみろと思ってる、ライバルですからね、いつもあたっているので。ブラジルも危ないですけど、ドイツは……ドイツの方はいないな——会場、笑い——来なかったら、うー、ざまみろ、ライバル[*]ですからね。ブラジルも危ないですけどね、たぶん、大丈夫です。ブラジル人にきいたら、神様はブラジル人だから大丈夫だよと言っていました。

＊一九五〇年▼第四回ワールドカップ・ブラジル大会。ウルグアイとの優勝決定戦、引き分けでも十分なのにブラジルは攻勢に出て、逆転負けを喫し、ワールドカップ初優勝を逃した。二十万を越えるファンで埋まったスタンドでは数名のファンがショック死、代表チームは以降ユニフォームの色を現在のカナリア色に変えた。

＊ライバル　ブラジルはワールドカップに十六回出場、優勝四回、二位二回、三位二回。ドイツは十四回出場、優勝三回、二位三回、三位二回。

マリーニョ流〝楽しみ〟の創出

ぼくは正直言ってもったいないと思っています。多くの方がもっと楽しんでほしいと思います、ワールドカップのすごさを。今度ワールドカップが終わったら、もっとサッカーが好きな人が増えると思うんですよ。間近で見られるから。こんなに面白いものだったのかと。こどもたちも間近でいいプレーを見られるから。技術向上にもつながるし。もっと面白くなるし。あと若い人に理解してほしいのは、遊びですから、サッカーは。どんなスポーツでも遊びですから。うまくならなくていい。それが若い人に伝わったら一番いいのではないかと思います。なぜ自分がサッカーが好きかといえば、いま思うに、むかしから厳しいというイメージがないからですよ。子どものときはへたでも友だちとずーっと遊んでいるという、いいイメージしかないんですよね。楽しい。ぼくは日本で何度も見ています、小学生でサッカーをやって中学生になってやめるというのを。あんなに面白いのになぜやめるのだろうか。サッカー部に入って六十人の部員がいる。試合に出られるのは十一人、あとは試合に出られない、試合に出られないと面白くないですよ、練習ばかりやって。試合に出るためにコーチの言うとおりやる。コーチの言うとおりにやっていくと、自分の考え方や創造性が少しずつ削られていくのです。子どもは頭がいいんですよ。結局、試合で一番気をつかうのはミスをしないことです。ミスをすれば目立ちますから。今度は目立たないようにしなければならない。ミスを怖がれば新しいことに挑戦できません。子どもの大会を見ていると、負けたら終わり。負けないようにしなければならない。勝つためのサッカーでなく、負けないようにしなければならない。創造性を削っていく。もったいないなとぼくはいつも思っています。子どもは創造性豊かですから、彼らの発想をつぶしてはいけません。指導者の立場で何が必要か、子どもたちにミス、失敗を許せる環境でサッカーをやらせることです。失敗してもいいから、どんどん新しいことにトライしましょう。そうなったらいまより面白い選手が出てくるんじゃないかな。それと同時に日本がもっと強くなるし。楽しくやれば好きな人がもっと増える。ほかのスポーツが悪くなるか。悪くなることはないですよ。ブラジルはあんなにサッカーが強いからといって、バレーボールも強いし、テニスも強いし、F1もドライバーがあちこちいるし、バスケットボールも弱くはないし、水泳も弱くはないし、陸上も弱くはない。スポーツをみんな遊んでいるんだから。プロになろうと思う人、うまくなれると思う人、素質のある人に練習をさせる。苦しい。ぼくも十五歳からたいへんだったですよ、練習があるから。日曜日に試合があって、土曜日にはホテルで合宿に入ったから。友だちはみんな、遊びに出かけている。踊りに行っても、俺は行かない。犠牲を払ったわけです。選手の道は厳しい。一般の人はその厳しい道を歩かなくともいいのです。そこを日本のスポーツ全体が少し変えていけば、サッカーも変わるのではないかな。もっと面白くなるのではないかな。だからいまワールドカップにすごく期待をしています。みんなこのことを理解したら、面白くなるんじゃないかな、楽しくなるんじゃないかな。

うれしいこと。二十六年前に日本に来たとき、サッカーなんか人気スポーツになれないと言われました。日本人はサッカーを好きになれないと。日本人は「間」のあるスポーツが好きだと。だから相撲が好きなんだよと。だから野球が好きなんだよ、「間」があるから。そうじゃないですよね。Jリーグができて、けっこうお客さまがいっぱい入ってきたりしています。いまサッカー好きな人がいっぱいいいます。日本人がサッカーが好きになれないというのは嘘です。

あともう一つ、日本人はサッカーに向いていないと言われますが、それも嘘です。世界のレベルに比べればまだまだですが、最近は、中田選手もいるし、小野選手もいるし、名波選手もいるし、川口も今度イギリスに行くし、ですからできないことはない。日本人がサッカーに向いていないというのは絶対にありえない。どのスポーツでも向いていると思うんですよ。身体が小さいといっても、最近の子どもは大きいですよね。サッカーの場合は、うまい人は人と当たらないですよ、体当たりしない。だから力の差は感じない。みなさん、知っているでしょ、ロマリオ、すごいうまい人。ジーコ、ペレ……、みんな背が小さい。ペレは、記録は一メートル七八センチと書いていますが、あれは嘘です、七五ぐらいしかないんです。ジーコも七六センチと書いていますが、おれよりちょっと高いだけです。おれは一メートル七一センチ、だけども日本では一メートル七三センチと書いています、かっこつけて。みな小さくても、サッカーは背丈は関係ありません。誰でもできて、好きになれます。

ワールドカップを楽しむように。そこで楽しむとはどういうことか。ぼくが初めてワールドカップを見たのは一九八二年、まだ日本でプレーしているときでした。日本人と一緒に見に行きました。ぼくはかっこつけてブラジルのシャツを着て行った。日本人の友だちのうち、二人はブラジルのシャツを着て、もう二人がアルゼンチンのシャツを着て、あとはイタリアのシャツを着たり、ドイツのシャツを着たりする。今度は日本代表のシャツを着ることができますよ。観戦できるわけですから。そこが楽しいのではないでしょうか。

例えば、まだまだありえない話かもしれませんが、日本が韓国と決勝戦にでて、日本が勝ったら最高の気分になると思うんです。それは最近の歴史のこととは関係ないです。それは私のアルゼンチンにたいする気持ちと同じですよ。私はアルゼンチンを嫌いではないよ、女性はかわいいし、食べ物はうまいし、歌も面白いし、経済的にちょっとボトムですが、嫌いではないです。だけれどもサッカーになると、「あいつら」です。「あいつら」はひどいと。アルゼンチンに勝つと最高の気分になるんですよ。ライバルだからね。アルゼンチンだけではなく、そういうことが味わえると思うんですよ。日本も今度はできるわけです。最初はいろいろな国と試合できて、勝つとうれしくなり、負けると寂しくなる。もし決勝戦が韓国と日本になったら、韓国が勝ったら韓国人はどれくらい喜ぶと思いますか。同じことですよ。スポーツの面白さはそこにあります、韓国が好きだとか嫌いだとかあるとしても、応援できるし、楽しめるし、いろんな人と出会えるし、いろいろな言葉を話す機会もでてくる。

さっき、フーリガン*の話がでてきましたが、あいつら来ないと面白くないからな……、あんまり暴れてほしくはないけれど、熱狂的なファンは来てほしいと思います。みんな心配しているけど、九九パーセントのサッカーファンはいい人ですから。たまに変な奴がいるのはしょうがない。だいたいは酒のせいですから。指定席の問題も、フーリガンも、まあいいじゃない、という気持ちでやったらもっと楽しいのではないでしょうか。

指導者としてのお願いは、ぜひ考えてください、サッカーは遊びです。どんなスポーツも、野球も相撲も、そういう環境に子どもたちをおいたら、もっともっと面白くなると思いますし、スポーツを楽しめるのではないでしょうか。

＊フーリガン▼サッカー場やその周辺で暴れ、破壊行為を繰り返す集団のこと。英国が発祥の地だが、その暴力行為はヨーロッパ各国に飛び火した。果たして彼らは日本・韓国にもやってくるのだろうか。

すごく長くなりましたね、みんなおなかがすいているかな、おれもおなかすいていますから……。難しいですよ、教えるのは、ブラジルでサッカーとはどういうものかということを。難しいですよ。宗教ですよ。信じる人はわかると思います。いまでも、ブラジルに電話して「お父さん、元気」「おー、みんな元気だよ」となると「アトレチコ、どうしている」と必ずなります。「アトレチコ、いまいいよ」。アトレチコはいまいいんですよ、ブラジルの選手権では二位です。クルゼイロは十八位です。もうざまみろだな。クルゼイロでプレーしたことがあるくせに——会場、笑い——ですから楽しみながら見ているわけです。これからも是非、みなさんも楽しんでください。終ります。ありがとうございました。

仕事の文化・遊びの文化

司会　マリーニョさんはきょう一日いていただきますので、質問とお話はまだまだできると思いますが、是非、いま発言あるいは質問したいという人がいらっしゃれば……。

発言者B　マリーニョさんの国・ブラジルでは、そういうふうにサッカーが遊ばれているという話がありましたが、日本でも遊びという考え方でサッカーに取り組むべきだということだろうと思います。最近聞いた話ですが、ドイツのサッカーの低迷は、ドイツに詳しい方の話で、子どもたちが日本と同じように非常に管理されたサッカーが主流になってきて、道路でボールを蹴っている子どもたちの姿が少なくなってきている、むかしは多かったのだけれども、監督がいてコーチがいてというところでサッカーをするようになってから、ドイツのサッカーが衰退するようになったということでした。そういう話を聞くにつれ、やっぱりマリーニョさんがいうように、遊びとして子供たちがクリエイティビティを存分に発揮しながら、サッカーに親しむことがサッカーの強化につながっていくのかなという感じを深くもちました。

ただ、われわれの国・日本でのスポーツの発展という環境を考えたとき、なかなか難しい問題があるんだろうと思います。といいますのは、ご存知のように、日本では生活文化というよりも教育のなかでスポーツがずっと扱われている歴史がありますので、われわれはどうしても楽しみというより、さきほどマリーニョさんがちょっとデータを示しましたけれども、どちらかというと教育とかトレーニングとかコンペティションとか、そういう意味合いで捉える傾向が強い。そうすると、かなり身体的に優れている人がスポーツをすんだというエリート的な発想にならざるをえないかなと思います。日韓あるいは韓日のワールドカップに期待することは、日本と韓国でメガイベントが開かれるということも非常に重要ですが、地域の施設の普及であるとか、子どもたちが遊ぶ施設ができたり、このメガイベントを世論がサッカーを遊びとして認識していく契機にしてもらいたい。そのためにはその仕掛けがたぶん必要ではないかと思います。その仕掛けについてまだ議論されていないというのが、ワールドカップが日韓で開催されるさいに関して、私が不満に思う点です。地域における子どもたちのサッカー文化の発展を視野に入れたかたちで、仕掛けを、さっき四年間も楽しめるじゃないか、ワールドカップを題材にしながら日本ではまだまだやれることもあるではないか、ということでしたが、日本ではワールドカップはたんにサッカーの大きなイベントということになってしまって、経済効果や政治的な機能だけが議論されています。そこが私はサッカーを愛する一人として、非常に寂しいなと思うんですね。

マリーニョさんはもう三十年近く日本にいらっしゃいますが、サッカーを遊びとして捉えるためには、ワールドカップにひっかけて、何か仕掛けというかアイデアがありましたら、マリーニョさんなりの考えがもしあったら教えてほしいのですが。

マリーニョ　フットサルって知っていますね。フットサルの普及に携わる仕事をしています。なぜかというと、都会となるとなかなかサッカーボールを蹴る場所がありません。ブラジルも同じですよ、サンパウロやリオになるとサッカーグランドがないんですよ。なにをしているかというとフットサルしかないんですよ。いま日本でもできるだけフットサルを普及させようとしています。フットサルをやる年代は二十五歳ぐらいが一番多いかと思われます。選手になれなかった人たちですよ。そうなると遊びしかないんですよ。遊びを若い世代に見せればいいのではないか。ぼくはそういう意味でフットサルに期待しています。小学生・中学生に、自然に遊んでいるんだぞということを。環境をちょっと変えれば、変わるんではないか。ぼくも不満ですよ。いまフットサルで一番問題なのは場所がないんですよ。体育館で蹴ってはいけませんとか。大会やろうとしても、試合やろうとしても場所がなくて困っています。このあいだ札幌で数百億円使って体育館を一つ作った。福岡で二百億の体育館を作った。埼玉アリーナを作った、三百億ぐらいかな。借りるならば、埼玉アリーナで電気つけるだけで十万円かかる。誰が借りるの。誰のもんだ？　私のもんじゃない。いつも思うことに、納税者ですから、私たちのものになるはずです。ならないですよ。ぼくは一回、釜本さん*と会ったことがあります、議員だったころですが、もっとスポーツのことで活躍してほしかったな。もっと上の方が理解しないと難しいな。みんな

＊釜本邦茂▼日本が生んだワールドクラスのストライカー。日本代表が銅メダルに輝いた六八年メキシコ・オリンピックでは七得点を挙げ、得点王にもなった。もし今現役だったら、と思わずにいられない……。

が楽しめるところ、遊べるところを増やさなくてはだめですよ。
ぼくは日本が大好きですよ。日本の仕事の文化はすごい。さすがだなと。頭がさがります。遊びの文化は、へただな、ないな。考えてみてください、大人の男の人が遊ぶところを。余裕がある人はゴルフ、あとはコレだな*——会場、笑い——日本にきて覚えたんですよ。こんど遊びに行こうな、と言うことは飲みに行こうなということです。もっと楽しめるところを増やして、スポーツの文化を増やさないと難しいと思います。いま変えるためにフットサルをなんとかしようと思います。子どもたちにはどうすればいいか？ あまり心配しなくていいから、場所を与えてください。面倒見てください。それだけでいい、怪我しないように。場所を与えて、自由にさせてください。それだけで少しずつ変わるのではないか。お母さんも指導できるんですよ。ボールを与えて、面倒見れば、それだけでも立派な指導です。若い指導者は理解しているんです。小学生には現場でただやらせているんですよ。話をして、情報をたくさん送ってやるんです。試合を見せてやるんです。若いコーチは素質があります。でもすぐには変わりませんよ。少しずつ変えていくしかありません。なんとか少しずつ環境を変えていければと思っています。

「代表」の肩書きで選手を売る時代

発言者C　ぼくは今度の大会、ブラジルが優勝すると思っていますが、そのためにブラジルがやるべきことを一つだけあげていただけませんか。

マリーニョ　実はおれも優勝すると思っていますから。いまブラジルが悪いのはなぜか。

＊コレ▼マリーニョ氏は酒を飲むポーズをとった。

＊黄金のカルテット▼ジーコ、ファルカン、ソクラテス、トニーニョ・セレーゾの四人で中盤を構成し、その華麗なパスワークは世界中のサッカーファンを魅了した。イタリアの狡猾さの前に敗れ去ったが、もしブラジル代表が優勝していれば、その後のサッカーの姿は違ったものになっていただろうと多くの人が今も信じている。

説明するとすごいたいへんなことです。できるだけ簡単に言います。ブラジルの一九八二年の代表を覚えているかな。ジーコらの*黄金のカルテットがいて、負けはしましたが、すばらしいサッカーを見せてくれました。八六年になって、またジーコがいて……すばらしい。でも負けちゃった。監督は*テレ・サンタナという監督。ぼくが大好きな監督です。ちなみに昔のアトレチコの監督ですからね。八二年、八六年、すばらしいチームを作って、いいサッカーをして、でも負けちゃったじゃないか。それならば今度は勝つサッカーをやりましょうということになった。それが九〇年のイタリア大会から始まった。当時の監督は、いまマリノスの監督をやっているラザローニさん。あの人はサッカーのスタイルを変えようとしたのです。一対〇でもいいから勝てればいい。レッズみたいに。そういう風になっちゃいました。九〇年はそれでも負けた。最低ですよ。悪いサッカーをして負けた。九四年は勝った。つまらないサッカーをして、最後はＰＫ戦で。あれ見て、正直、勝ったのはいいと思う反面、喜んでいいのかな。そういう気持ちになった。そうしたら、九八年は、また少し変えようよ、昔みたいに。*ザガロ監督にもどった。ザガロ監督というのは、七〇年に三回目の優勝したときの人。残念なことに決勝までいったけど負けた、すばらしくはないが、それに近いサッカーにもどってきた。残念なことに九八年に*ロナウドの事件があって、決勝戦でブラジルのエースが病気になったようなものです。ブラジルの半分の人は、あれはフランスのスパイが、ロナウドの食べ物に何かをいれたんだろうと、それしかない。なぜブラジルのエースが決勝戦の前に病気するんだよ。考えられなかった。フランスでやっているんですよ。パリで。間違いなくやっているな――会場、笑い――負けて、またちょっと変えなくはならないということで、新しい監督、近代的な監督をつけましょ

＊テレ・サンタナ▼八二年、八六年のワールドカップでブラジル代表の監督を務めた。ブラジル人選手のクリエイティビティを生かしたチーム作りは高く評価されたが、ワールドカップを勝ち取ることはできなかった。九二年と九三年、サンパウロＦＣの監督としてトヨタカップを連覇できたことがせめてもの慰めか。

＊ザガロ監督▼選手として五八年と六二年大会に優勝し、監督として七〇年大会で優勝した強運の持ち主。選手としても監督としてもワールドカップを勝ち取ったのは他に、ドイツのフランツ・ベッケンバウアーしかいない。

＊ロナウドの事件▼九八年ワールドカップ決勝戦当日、ブラジルのエース、ロナウドは突然ホテルの自室で倒れ、試合出場が直前まで危ぶまれた。エースの体調不良はチーム全体の士気に悪影響を及ぼし、ブラジルはフランスに〇対三という思わぬ完敗を喫した。

うと、ルシェンブルゴになった。けっこう知的な人で頭のいい人です。なかなかスタッフの理解もあって、自分で見たとき、すごいよかったですよ。言いたくはないが、頭がよすぎて、こっち*が好きらしいですよ――商売に走った。余裕があるから代表にいろんな人をいれたのです。こんどそいつら外国に売るわけです。外国に売るときは、元ブラジル代表という肩書きをつけて。簡単にいうと値段は倍になりますよ。ルシェンブルゴ監督は代理人と会社をもっている。オリンピックのときは、おれはブラジルの選手に詳しいのに、五人も知らない選手がいた。なんでこいつら代表になるんだ。ブラジル代表選手になるのは本当にすばらしい選手だけでなければだめだった。一般の選手じゃないか、この選手は。ヘタとは言いませんよ。それでチームももちろん負ける。一番困ることは、まわりの選手がそのことを知っていることです。なんでこいつが、あいつの方がいいのではないか、と。モチベーションが下がるのです。あんな程度の代表なら入らなくてもいいんだよと。むかしは腕一本なくなっても代表に入れればそれでもいいという選手がいっぱいいたんです。今度はなにも代表にならなくてもいいという選手がでてきたんです。それがいまの予選の調子悪さの原因です。歴史のなかで予選で負けたのは一回しかない。ちなみに今回はもう五回も負けている。失礼かもしれないがエクアドルに負けている。チリに三対〇で負けて、このままアルゼンチンに負けて、ちくしょう、と思う。監督が代わって勝つしかない。四位には入ると思う。問題ないと思う。ワールドカップのときはいいチームになっていると思う。練習の時間もあるし、ワールドカップになると選手も人が変わる。ブラジルはいま悪くなっているが、忘れてはいけないのは前回の準優勝チームです。弱いはずがない。四年間で弱くなるはずがない。原因はルシェンブルゴさん、その次にレオンさん、レオンさ

*こっち▼お金のこと。

んなにしているかな。このあいだコンフェデレーションズ・カップで日本が引き分けたな。あれで喜んではいけませんよ。あれは代表ではありませんよ。うちのお父さんに電話したら、「お前ら騙されているんだぞ、あれはブラジル代表じゃないんだから」と。フォワードのあの二人は知らないもの、見たことがない。どう見ても、日本にいるトゥットとエメルソンの二人のほうがうまいですよ、絶対に。ですからコンフェデレーションズ・カップは半分は商売です。広島にウクライナ代表の選手が入ってきたね。オレグという選手。ウクライナはサッカーが強い。元ウクライナ代表ということになると、それだけで絶対うまい選手だろうということで、クラブが金を出すときに多く金を出す。そのように商売絡みでブラジルがこの二年間ちょっと悪くなった。来年は間違いなく決勝。相手が日本だと困るなあ。一番嫌な試合はブラジル対日本。両方勝ってほしいが、引き分けはないからな。やばいな。

司会　ありがとうございました。それでは午前の部はこれで終了します。

［講演］

ポルトガル・サッカーの世界

——市之瀬 敦

一八八八年のキックオフ

本日のシンポジウムはサッカーをサッカーそのものとして議論するよりは、民族文化としてのサッカー、社会あるいは国際問題としてのサッカーを論じ合うという趣旨だと思います。実は私自身は文化人類学者ではありませんし、国際政治学者でもありません。もちろん、サッカー評論家を名乗れるような知識や経験を持つ人間でもありません。けれども、かつてポルトガルに暮らした時、一サッカー・ファンとしてそこそこの数のゲームを見ましたし、その後も現在に至るまで新聞やビデオなどで情報はフォローしております。その成果と言うべきなのでしょうか、八月末には『ポルトガル・サッカー物語』*という本を出版させていただきました。本日、粂川先生から頂いた講演のテーマは「ポルトガル・サッカーの世界」というものですが、本に書いたこと、書けなかったこと、さらに九月上旬に行なったリスボンの三大クラブ・チームの幹部たちとのインタビューから学んだことをあわせてお話していきます。

さて、今月六日、ポルトガル代表は地元リスボンでエストニア代表を五対〇で破り、来年日本と韓国で開かれるワールドカップの出場を決めました。本の中で「ポルトガルはきっと来る」と書いてしまった手前私もほっとしております。その前のワールドカップ出場が八六年メキシコ大会ですから、十六年ぶり、そして三度目の出場です。後ほど「黄金の世代」と呼ばれる今の選手たちについても触れたいと思いますが、焦りは禁物、あまり最初から飛ばさず、ポルトガル・サッカーのキックオフから今日までをゲームの流れに

＊『ポルトガル・サッカー物語』
▼社会評論社より絶賛発売中。ぜひともお買い求め下さい。

沿って振り返っていきたいと思います。

ポルトガル・サッカーの歴史を調べていったとき、一番驚いたことは、ポルトガルで初めて公衆の面前でサッカーがプレーされた時の記念写真が非常に鮮明な形で残されていたことです。場所は首都リスボンの郊外、現在も裕福なポルトガル人や外国人が暮らすカスカイスという街。午前中はみんなで砂利拾い、午後からサッカーを、というよりは当時は英語式にフットボールをプレーしたようですが、選手たちの清々しい表情がとても印象的です。彼ら全員の名前も残っていて、子爵の称号を持つ選手がいたところからも、当時サッカーが上流階級の人々の娯楽だったことがわかります。とはいっても、今みたいに選手たちがみんな揃いのユニフォームを着て、芝生の上でプレーして、なんていう時代ではありませんでした。砂利拾いが不可欠だったから、サッカーの石器時代ならぬ「石ころ時代」、きちんとしたサッカー場があったわけではないので、「ゴールを背中に背負った時代」でもありました。

言うまでもなくサッカーの母国はイギリス、したがってポルトガルに初めてサッカー・ボールを伝えたのも当時七つの海を支配していたイギリス人と言いたいところですが、厳密に言うと違います。ポルトガルにボールを持ち込んだのはイギリスに留学していたポルトガルの良家の息子たち、一八八八年初めてサッカーをプレーした青年たちの中にその兄弟ピント・バストの名前が見えます。そして年が明けてすぐ、本当の意味でのサッカーの試合が行われますが、それはポルトガル人チームとイギリス・ポルトガル人混成チームの間で戦われ、意外にも、と言っては失礼かもしれませんが、ポルトガル人チームが勝利しております。また、リスボンで最初のキックオフの笛が吹かれて間もなく、北部の都市、

◀市之瀬氏

ポート・ワインで有名なポルトでもサッカーが始まりました。ポルト市にサッカー・ボールを伝えたのもイギリス人ではなく、イギリスにポート・ワインを輸出していた商人アントニオ・ニコラウ・デ・アルメイダでした。ポート・ワインの美味しさをイギリス人に教え、サッカーの楽しさをポルトガル人に教え、そして名門クラブFCポルトの創設者にもなりました。本当に偉大な功績です。今日までリスボンとポルトのクラブ間の*ライバル感情はとても根強いものがあります。

話は変わりますが、ポルトガルとイギリスの間には*ヨーロッパ最古の同盟関係があると歴史の本には書かれています。けれども、サッカーがイギリスからポルトガルに伝わって間もなく、両国関係は史上最大といってよい危機を迎えます。一八九〇年一月、アフリカ植民地の分割をめぐり、両国の利害が対立、イギリスがポルトガル政府に「*最後通牒」を突きつけました。ポルトガルが独り善がりにアフリカに描いた「バラ色の地図」を断念しないと、ポルトガルの領土を攻撃するぞ、と脅しをかけてきたのです。すでに国家の衰退が話題にされていたポルトガルにとり、繁栄を極めていたイギリスに逆らう力などありません。ポルトガル人はイギリスの圧力に屈し、バラ色の夢を放棄し、その代償でしょうか、反英ナショナリズムが盛り上がりました。数年間にわたりポルトガルではブリティッシュな香りのするものはすべて嫌悪の対象となり、サッカーも例外ではありませんでした。一時期、サッカー人気は下火になったのです。しかし、自らサッカーの試合を観戦に何度も足を運んだ当時の国王は政治とスポーツを区別し、サッカーの火を消すようなことはさせませんでした。十九世紀末、サッカーは王様のスポーツでしたが、一九一〇年ポルトガルで王制が廃止され共和制となってしばらくすると、サッカーは逆にスポーツの王様と姿を

*ライバル感情▼一九八七年FCポルトがバイエルン・ミュンヘンを破り、ヨーロッパ・チャンピオンズカップを制したとき、リスボンの住民はあまり喜んでいるようには見えなかった。むしろ、FCポルトなんか負けてしまえばいいのに、と思っていた人もいたという。

*ヨーロッパ最古の同盟関係▼ともに海洋国であるポルトガルとイギリスの間では、古くから貿易が盛んだった。一三八六年には、現在も効力を有する平和同盟条約が締結された。

*「最後通牒」……「バラ色地図」▼一九世紀末、ポルトガルは南部アフリカを横断する形で領土拡張を目論み、その部分を地図上でバラ色（ピンク）で塗りつぶしたが、その計画はイギリスの逆鱗に触れた。イギリスはポルトガルに「最後通牒」を突きつけ、計画を断念しないとポルトガルの領土を攻撃すると脅しをかけた。

変えていきました。

神話の誕生

ポルトガルでサッカーのプロ化の議論が始まるのは一九三〇年代です。[*] 選手・監督の全体的なプロ化は一九五〇年代以降です。しかし、一九二〇年代、まだアマチュア時代の真っ盛りにもかかわらず、ポルトガル・サッカーに最初のアイドル・プレーヤーが現れます。ジョゼ・マヌエル・ソアレス、愛称ペペ、小柄で童顔、いかにもアイドルになりそうな見かけです。リスボンの貧しい家庭に生まれた彼は選手生活の間も常に貧困と飢えと戦い、三十歳にもならずに死亡しています。死因は食中毒と言われますが、飢え死にだったという人もいます。短くも華やかだった選手生活ゆえに、彼の人生はポルトガル・サッカー最初の神話と言われております。彼がプレーしたチームは、リスボンのベレン地区に本拠地を置くベレネンセス。ベンフィカ、スポルティングという大クラブに続くリスボン第三のチームです。ベレンとはベツレヘムすなわちイエスの生まれ故郷の意味ですから、彼らがクルスすなわち十字架のチームと呼ばれるのは当然でしょう。

実は、先月リスボンを訪問した際、ベレネンセスのスポーツ・ディレクターにインタビューできたのですが、彼に何故ベレネンセスは青いユニフォームを着るのですか？ と訊いたら、先にできていたベンフィカが赤、スポルティングが緑だから残っていた色で都合が良かったのが青だったのではないかと答えてくれました。面白いことを言うなと思いましたが、本当はスタジアムのそばを流れるテージョ川の青、大西洋の海の青、というも

＊一九三〇年代▼二〇〇〇—〇一年のシーズンを制したボアビスタＦＣが一九三三年にプロ化の先陣を切った。しかし、ボアビスタの行為は時期尚早と判断され、サッカー協会から一年間の活動停止を命じられてしまった。

のでしょう。もっとも現在のテージョ川の色を見ると青を連想することはできませんから、彼をかばうこともできるでしょう。いま一つベレネンセスで面白いのは、クラブ本部の玄関脇にあるペペのレリーフです。すぐ脇には九一年ローマ法王がそのスタジアムでミサをあげたという石碑があるのですが、それよりペペの方がずっと大きいのです。この扱いの違いをイギリスのあるサッカー専門サイトが皮肉っていたのが笑えます。お前ら、それでもカトリックの国なのか？ ということなのでしょう。私はこうしたイギリス人の皮肉が好きですが、私がポルトガル人なら、ペペはもう神話以上の存在、つまり聖人と化したのだからこれで良いのだ、と答えたいところです。

話が逸れてしまいましたが、このペペもメンバーに名を連ねたポルトガル代表チームは一九二八年のアムステルダム・オリンピックに参加しております。成績は二勝一敗*、上位入賞はできませんでしたが、試合の当日になると、主だった都市では通りや広場に数千人の人が集まり、得点掲示板を凝視し、新聞の最新号を求めたといいます。ポルトガルで初めてキックオフの笛が吹かれて四十年、すでに国民はサッカーに熱中しており、一方熱中させた選手たちはポルトガル・サッカー史上最初の「黄金の世代*」と呼ばれることもあります。ルイス・フィーゴやルイ・コスタだけが「黄金の世代」ではありません。

一九三〇年代末、ポルトガルではほぼ現在の形に近いリーグ戦とカップ戦が始まります。その頃すでにベンフィカ、スポルティング、FCポルトという、今に続く三大クラブの時代でした。その中でもリスボンのベンフィカが最大のクラブなのですが、ベンフィカの幹部シェウ・アン*さんに先日会って、何故ベンフィカはポルトガルで最も人気のあるチームになれたのですかと訊ねたところ、二十世紀初期、ベンフィカが無敗を誇っていたイギリ

＊二勝一敗▼チリとユーゴスラビアを破ったが、エジプトに負けた。しかし、帰国後選手たちは国民から英雄視された。

＊「黄金の世代」▼通常ポルトガル・サッカーの「黄金の世代」といえば、ルイス・フィーゴ、ジョアン・ピント、ルイ・コスタなど、フェルナンド・コート、ジョアン・ピント、ルイ・コスタなど、ポルトガル・ユース代表が八九年および九一年のワールドユースを二連覇した時の選手たちのことを指すが、ワールドカップに出場している六〇年代さらに八〇年代の選手たちも「黄金の世代」と呼ぶことができるだろう。

＊シェウ・アン▼七〇年代から八〇年代にかけてベンフィカで活躍したモザンビーク出身のプレーヤー。中国系住民が多いベイラ市出身で、父親が中国人、そして彼の名前も中国語である。

ス人の強豪チームを破ったこと、さらに自転車競技の選手たちが国中を走り、その雄姿を国民全体に見せたからではないかという答が返ってきました。一九三〇年代すでにベンフィカに対する「信仰」のようなものができていたと言います。一方スポルティングはエリーティストと言われるように、創設者、支持者の多くが中・上流階級の人たちで、庶民の間で人気を獲得できなかったことがベンフィカとの違いの一因となっているようです。ご存知のように、どこの国でも大きな都市になると、裕福な人々のクラブと庶民派のクラブがあるものです。

　ポルトガルは中世の時代以来ずっとリスボンによる中央集権が強かった国ですが、サラザール*という独裁者に支配されていた当時は特にリスボンからの締め付けがきつく、リスボンの二チームつまりベンフィカとスポルティングの覇権が長く続きました。まずは一九四〇年から五〇年代にかけて、スポルティングがポルトガル・サッカーをリードします。「五人のバイオリン弾き」*と呼ばれた五人の攻撃的選手が相手チーム守備陣を粉砕した時代です。もちろん本当にバイオリンを弾いたわけではありません。彼ら五人の攻撃のハーモニーが見事だったからついた呼び名だそうです。その時代は有名なファド歌手アマリア・ロドリゲス*が大活躍していた時代でもありますから、第二次世界大戦で中立を保ったポルトガルは、サッカー場でも劇場でもわりと長閑な雰囲気があったのかな、という気もします。

アフリカの風

＊サラザール▼二十世紀のおよそ半分、ポルトガルを支配した独裁者。ポルトガルを国際的に孤立させ、国民を抑圧し、けれどもサッカーの政治的利用方法はしっかりと理解していた。現在のポルトガルで「サラザール主義者」、「サラザール的」は強い非難の意味を持った言葉である。

＊「五人のバイオリン弾き」▼トラバッソス、ペイロテオ、コレイア、ペレイラ、バスケスの五人から成る攻撃陣。四〇年代から五〇年代にかけて、スポルティングの黄金時代を築き上げたが、そのうち三人はすでに鬼籍に入った。

＊アマリア・ロドリゲス▼ポルトガルの国民歌謡ファドを世界中に知らしめた歌手。一九九九年に亡くなった時には、国民すべてが悲しみに包まれた。また彼女の葬儀の際、最後にその顔を白いハンカチで被ってあげたのはエウゼビオだった。

その時代、最も注目すべきはアフリカ植民地出身の選手が増えたことです。イベリア半島の片隅で孤立していた閉鎖的な国ポルトガルは、選手が外国に行っても外国から来てもいけなくて、ポルトガル本土だけではまかない切れない供給を植民地に求めたのでした。そんな中、五一年、モザンビークからマタテウという強烈なシュートの持ち主が登場しました。この人、信じられないことに五十五歳まで現役でした。マタテウはマテウスより偉大、駄洒落にもなりませんが、私の持論です。ちょっとまた話が逸れますが、先日リスボンの大クラブの幹部たちと会ったとき、ポルトガル人のあの巧みなボールコントロールはどこから来たのでしょうかと訊いてみました。ポルトガル人が最初から上手かったわけではなく、二十世紀初めの頃あるフランス人コーチは遠慮がちに「ポルトガル人の技術は遅れている」と口にしていました。それまでの私の仮説はブラジルから伝わったというものでした。かつてポルトガルにはブラジル人監督が多く来ましたし、選手もたくさんいます。ですが、どうも私の仮説は的外れだったようです。まず、ベンフィカの幹部シェウさんはこう言いました。われわれ南ヨーロッパの人間は北ヨーロッパの人間と比べ、理屈ではなく「職人肌」の民族だから、器用にボールを扱えるのだ、と答えてくれました。でも、ポルトガル人は一般的に物作りを見下すところがあるので、全面否定はしませんが、私は多少首をかしげました。その後、ベレネンセスの幹部と話したときは、なるほどという答を得ることができました。彼に同じ質問をしたら、最初は、ポルトガル人も昔は道端でサッカーをしたが、この国の道は特別酷いので、逆にボール・コントロールがうまくなったのではないかと言いました。そうかもしれません。でも、二十世紀の半分を占めるサラザールの独裁時代は、裸足の子供たちが道端でサッカーをしている姿を外国人に見られるとま

＊アフリカ植民地出身の選手▼アフリカに「最初にやってきて最後に出て行った」ポルトガルには早くからアフリカ出身の選手が見られた。ペイロテオ、マタテウ、ジョゼ・アグアス、マリオ・コルーナ、エウゼビオ、オセアーノ、アベル・シャビエルなど、代表チームでプレーした選手も数多い。ポルトガル・サッカーに対する彼らの影響は無視できない。

ずいということで警察がけっこう厳しく取り締まったのです。そもそもストリート・サッカーならどこの国でもやっていました。そこで私はブラジル人が伝えたのではないかという自説を述べたのですが、否定されました。何故なら、六〇年代有名なブラジル人監督オットー・グロリアがリスボンに来ましたが、彼が伝えたのは技術ではなく、プロ・サッカーの哲学であり、ブラジル人選手が大量に来るようになるのは八〇年代以降のことです。もちろんその頃はポルトガル人はすでに上手にサッカーをしていました。そこで彼が思いついたのは四〇年代くらいから増えたアフリカ人選手の影響です。これは非常に良い説明だと思います。ブラジル人の技術や身のこなしにアフリカ人の影響が大きいことは周知の通りですし、ポルトガル人のプレーもどこかブラジルを思わせます。ですから両国を結ぶのはきっとアフリカ、ダーウィンの進化論普及を目指したエルンスト・ヘッケンではないですが、ミッシング・リンクを発見したような気分でした。

エウゼビオの登場

ところで、五〇年代のポルトガルは大建築の時代でもあり、大規模スタジアムが建設されたのもこの時代でした。そのスタジアムを満員にするための大スターはやはりアフリカからやってきたのです。ここでやっと日本人にも馴染みのあるポルトガル人選手の名前が出てきます。といってもオールド・ファンに限られるかもしれませんが。その選手の名は*エウゼビオ、モザンビークから一九六〇年一二月リスボンにやってきました。彼は本当はスポルティングの選手になるはずだったのですが、ベンフィカが彼を空港で拉致し、その

*エウゼビオ▼ポルトガル・サッカー史上最大にして最高の選手。旧ポルトガル領アフリカのモザンビークからベンフィカにやってきて、一九六〇年代、クラブと代表チームに数多くの栄光をもたらした。六六年ワールドカップでは得点王に輝いた。その強烈なシュートは、日本が生んだ最高のストライカー釜本邦茂に大きな影響を与えたという。現在エウゼビオはポルトガル代表チームの「大使」として世界中を飛び回っている。

まま強引に契約を結んでしまったのだという説が今も語られます。実際はそんな単純な話でもないようですが、先日リスボンでスポルティングの幹部と会って話したとき、その人に、スポルティング・ファンにとりエウゼビオは裏切り者ですか？　と訊いたところ、そんなことはない、エウゼビオはポルトガル・サッカー史上最高の選手であり、もし批判するとすれば、当時のスポルティングの愚かなフロントだろう、と答えてくれました。すべてのポルトガル人にとり、エウゼビオはきっとアンタッチャブルなのでしょう。話が逸れますが、リスボンの三大クラブの幹部とそれぞれ話したとき、エウゼビオとフィーゴ、どちらが上なのか？　と訊いてみました。予想通り、三人ともフィーゴではなく、エウゼビオと答えました。何故ですか？　と問うと、三人とも口にしたのが、エウゼビオは一人でゲームの流れを作り、ゲームを解決したからだ、と口にしました。エウゼビオの方がゲームを決めるゴールをずっと多くあげたということなのでしょう。でも、今の若い人はエウゼビオのプレーを見てないし、やはりフィーゴと答える人の方が多くないですか？　と訊ねたら、いや、エウゼビオの偉業を語って聞かせれば若い連中だって納得するといっていました。ついでに、現在のフィーゴとルイ・コスタではどちらが上と評価しますか？　と訊くと、今度はフィーゴでした。理由は似ていて、ルイ・コスタは点を取らせるパスを出すだけだが、フィーゴは自分でも点を取るからというものでした。私はポルトガル人もわりと日本的に中盤でパスをつなぐ選手が好きで、点取り屋をあまり評価しないのかと思っていたのですが、そうでもなかったようです。ただし、現代表監督オリベイラ*はフィーゴよりルイ・コスタを評価しています。

さて、エウゼビオが凄かったと言いましたが、どう凄かったか、少しくらいは触れない

＊オリベイラ▼アントニオ・オリベイラは現役時代はＦＣポルト、スポルティング、ベティス（スペイン）などで活躍、その自由奔放かつエレガントなスタイルで知られた。監督としてもＦＣポルトの五連覇に貢献、今回代表チームをワールドカップ出場に導き、すでに「名将」の域に達した。

といけません。エウゼビオと言えばベンフィカですが、実際彼はベンフィカをヨーロッパ・チャンピオンズ・カップで一度優勝、さらに三回準優勝に導いております。でも、彼を二十世紀のベスト・イレブンに選出させたのは六六年ワールドカップ・イングランド大会の活躍です。エウゼビオは六試合で九得点、得点王に輝いております。特に今も語り継がれるのが、北朝鮮との準々決勝です。試合前、ポルトガル人は北朝鮮選手を完全になめきっていたといいます。ご存知の方も多いでしょうが、ポルトガル人のメンタリティーをよく表す言葉に「サウダーデ」という言葉があります。「ノスタルジー」と一応訳されますが、「失われたものへのやるせない思い」といった感じでしょうか。国民的歌謡ファドのテーマはだいたい「サウダーデ」です。しかし、もう一つポルトガル的メンタリティーの特徴があって、ポルトガル人はたまに相手をなめきって、安心し、そして油断することがあります。北朝鮮戦の前にそれが起こりました。試合開始二十三分で、三対〇、大方の予想に反し北朝鮮のリードでした。こういう状況で、ポルトガル人は普通、意気消沈し、やる気を失いそのまま負けてしまいます。ですが、エウゼビオはポルトガル代表のユニフォームを着ていましたが、ポルトガル的メンタリティーの持ち主ではありませんでした。彼はアフリカの植民地モザンビーク出身の、いわば「他者」、別のメンタリティーの持ち主でした。エウゼビオはその後四連続得点を挙げますが、最初の一点、二点の時はまったく笑顔を浮かべないところが印象的でした。もしかしたら彼はチームメートに憤りさえ覚えていたのかも知れません。残念ながらポルトガル代表は準決勝でイングランドに敗れますが、三位入賞、これまでポルトガル・サッカー史上最高の結果を残しました。

政治の季節

ところで、一九六〇年代のポルトガルは暢気にサッカーを楽しんでいられるような国情にはありませんでした。エウゼビオと入れ違うように、ポルトガルはアフリカに軍隊を派遣、植民地の独立を妨げるために戦争を始めました。イギリスやフランスもアフリカに植民地を数多く持っていましたが、一九六〇年以降ほぼすべての植民地を独立させます。ポルトガルは頑迷な植民地国家だったのです。新しい風の吹き始めた国際社会は、ポルトガルの姿勢を批判しました。アフリカにヨーロッパ文明を伝える使命より独立を与える正義が重視される時代になっていたのに、ポルトガル政府は無視していました。ポルトガルは「孤高」を気取りましたが、実際はヨーロッパの片隅の貧しい国として「孤立」していました。だから、政治家は民衆にサッカーを阿片として与え、日々の苦しみから目をそむけるようしむけました。またサッカーの国際的勝利によりナショナリズムを高揚させようとしました。エウゼビオは明らかに政治に利用されていたのです。また、今でこそヨーロッパの国々の代表チームにアフリカ系の選手を数多く見るようになりましたが、ポルトガルは五〇年代、六〇年代すでにアフリカ出身の選手に頼ったチームを作っていました。その意味で先進国だったのですが、長く植民地を手放そうとしなかったという意味では後進国でした。世界とは皮肉で逆説的なものだと思います。ちなみにポルトガル語圏アフリカ五ヵ国はこれまで一度もワールドカップに出場しておりません。ポルトガルのワールドカップ出場回数の少なさと無関係とは思えませんが、ポルトガルが植民地支配に長くこだわり、アフリカの植民地の独立が遅れたことが主な原因なのでしょう。

　ところで、皆さんはポルトガルをダメにした三つのFという言葉をご存知でしょうか？　ファド、ファティマ、そしてフットボール。かつてサラザールに反対していた人々が批判の対象にしていた三つの社会現象です。傷ついた心を癒すのがファド、主に従順になることを教えたのがファティマ、ファティマとは聖母マリアの降臨で知られる聖地です。そして人民の阿片としてのフットボール。一九七四年四月に起こった「革命*」後、ポルトガルは民主主義への道を歩み始めますが、エウゼビオやサッカーは人民を騙したとして一部の政治活動家たちから批判されたりもしました。でも、革命から二十五年以上が経ち明らかになったのは、ポルトガル人は今もファドを愛し、ファティマに巡礼し、いうまでもなくサッカーに熱中しております。三つのFはサラザールの「発明品」などではなかったのです。

　エウゼビオのいないポルトガル代表はおよそ二十年間、世界の桧舞台から消えてしまいます。先ほど一九二八年のオリンピックに出場したと言いましたが、二度目のオリンピック出場は何と一九九六年です。六十八年ぶりですね。ただ一つ知っておいて欲しいのは一九七九年、日本で開催されたワールドユースにポルトガルは出場し、ベスト8に入っております。サラザールの独裁制を終わらせた「四月二五日革命」の影響が残り、まだ国内は混乱していたはずなのに、たいしたものです。さすがユースを育てるのがうまいポルトガルと言えるでしょう。そして、七九年のメンバーの中から八六年ワールドカップ・メキシコ大会の主力が育ちます。ただし、この八六年の大会は良い思い出ではありません。給料の支払いをめぐって選手と協会が対立、ワールドカップの開幕を目前に練習ボイコットな

＊「革命」▼「四月二五日革命」のこと。一九七四年四月二五日、旧体制に不満を抱いた若い兵士たちが蜂起、長く続いたポルトガルの独裁制が終焉を迎えた。自由と民主主義をもたらしたこの「革命」はポルトガル社会を大きく変貌させ、それはサッカーの世界にも及んだ。

んていう事態を招きました。七四年の「革命」の余燼はまだ鎮まりきっていなくて、選手たちは政治的な行動に打って出たのです。当時の国政選挙で、後に大統領になるマリオ・ソアレス*という政治家が、ポルトガルは第三世界ではない、と国民に叫んでいましたが、世界の桧舞台で第三世界的なことをしておりました。そのせいか、ポルトガルはグループ最下位で帰国しました。これはまことしやかな噂の域を出ませんが、ポルトガルにとり第三戦の相手モロッコの監督はブラジル人で、ポルトガルとブラジルは兄弟国ですから、そのブラジル人監督が試合を引き分けにしてモロッコとポルトガル両方のチームで決勝トーナメントに行こうと話を持ちかけてきたそうですが、モロッコをなめきっていたポルトガルは提案を拒否、やってみたら一対三での敗北でした。相手をなめて、痛い目にあう、ポルトガル人の悪い癖です。エウゼビオの世代と同じことはできなかったのです。ただこの騒ぎは無駄ではなかったようです。前述したベレネンセスの幹部が言ってましたが、選手たちの反乱により協会の体質が徐々に改善されていったようです。

七四年の「革命」後の話をもう少ししたいのですが、それをきっかけにポルトガル社会は大きな変貌を遂げます。近代化、民主化、ヨーロッパ化、様々な言葉を使用できるでしょうが、一言で言って良い方向に向かっていると思います。サッカーの世界でも大きな変化が始まりました。最近資料を見て改めて驚いたのですが、第二次世界大戦後から「革命」の年までのおよそ三十年間、ポルトガル北部の都市ポルト、ワインで有名な町ですが、その街の名門FCポルトは二回しかリーグ戦を制覇しておりません。残りはベレネンセスの快挙が一回あるだけで、あとはリスボンの二大チーム、ベンフィカとスポルティングだけです。政治だけでなく、サッカーも首都リスボンによる中央集権だったのです。しかし、

＊マリオ・ソアレス▼「四月二五日革命」後、ポルトガルの民主化・近代化に最大の貢献を果たした政治家。八六年から九六年まで二期大統領を務めた後、現在は欧州議員。いまもなお、その発言は影響力を失ってはいない。

民主主義の時代は少しずつ地方分権を進め、十九世紀の作家が言った「ポルトガルはリスボンだけ、あとは風景のみ」という言葉が徐々に現実味を失っていきました。

そして「黄金の世代」へ

サッカーにも「革命」が起こりました。FCポルトにペドロト*監督とピント・ダ・コスタ会長が登場したのです。ペドロトは選手としても一流でしたが、監督としても一流で、六一年さっそくポルトガルのユース代表をヨーロッパ・チャンピオンに導いております。日本にも来たカルロス・ケイロス*監督が現在の「黄金の世代」を世界一にするおよそ三十年前の出来事です。ペドロトは時代の流れをよく読みとっていたのでしょう、「革命」後に登場した政治活動家の言葉遣いを模倣し、非常に強い口調でいくつかの有名なフレーズを残しています。「首都リスボンに全権力を集中させる時代は終わった」、「もしFCポルトの利益が損ねられたら私たちは警察にだって駆け込む」、「私は北部を擁護する、不当な差別の犠牲となっているからである」、などと発言し、南部リスボンとの対立感情をあおりました。非常に扇動的だったのです。でも彼の言葉の中で一番印象的なのは、「FCポルトはドーロ川を渡る時点ですでに〇対二で負けている」、というもので、リスボンに対するポルトのコンプレックス、同時にリスボンは最初からポルトに対しアドバンテージが与えられているという皮肉が込められています。もちろん良い選手を育て、獲得し、チームを強化したからFCポルトはリーグ戦で勝てるようになりましたし、八〇年代にはヨーロッパでも勝てるようになったわけです。しかし、ペドロトの言葉のゲリラ戦法が機能したこと

*ペドロト▼ジョゼ・マリア・ペドロト監督は強いカリスマ性を持ち、「革命」後の十年間でポルト市の二チーム、FCポルトとボアビスタの強化に成功した。現代表のオリベイラ監督は、いわば彼の門下生である。

*カルロス・ケイロス▼八九年、九一年にポルトガルがワールドユースを制覇したときの監督。フィーゴやルイ・コスタなど「黄金の世代」の育ての親である。九六年には名古屋グランパスの監督を務め、その後、南アフリカ共和国を二〇〇二年ワールドカップ出場に導いたが、〇二年三月更迭された。

も否定できません。ポルトガルは八四年のヨーロッパ選手権、八六年のワールドカップに出場していますが、そのときの主力はすでにベンフィカではなく、FCポルトでした。ちなみに六六年のワールドカップはベンフィカで攻めて、スポルティングで守るといったメンバー構成でした。

古い話ばかりだといけません。現在の話もしましょう。もちろん、「黄金の世代」の話です。ちょうど二週間前の六日、彼らはワールドカップの出場を決定しました。数名の選手の試合後のコメントが翌日の新聞に掲載されておりましたが、非常に印象に残ったのが、この世代の代表的存在ルイ・コスタの発言でした。とても短いのですが、なかなか意味深いものがあります。彼はこう言いました。ポルトガル語だと、"Agora, sim, somos a geração de ouro!" 訳しますと「今こそ確かにわれらは黄金の世代だ」といった感じだと思います。八九年・九一年にワールドユースを制してからずっと彼らは十年近く「黄金の世代」と呼ばれてきましたが、ワールドカップ出場を決めてやっと彼らはその言葉を自ら口にするようになったわけです。それほどワールドカップに出ることは重要なことなのです。ルイス・フィーゴやルイ・コスタのいる代表を崇める学生たちに私はしばしば、凄いといっても彼らは一度もワールドカップに出てないよ、その意味では六〇年代、八〇年代の代表の方が上だよ、と口にして、昔の方が凄かったなんて言うようになってはもうお終いだな、自分も厭味なおじさんになったものだ、と後で反省するのですが、でも現在の「黄金の世代」の若者たちでさえ、ワールドカップ出場をかくも重要に捉えていることは知っておくべきでしょう。選手一人ひとりにとっても、国にとっても、ワールドカップに出ることは本当に大切なことなのだと思います。

時間がだいぶ押してきましたので、そろそろ話をまとめようと思いますが、ポルトガルが何故ワールドカップにあまり縁がなかったのか、その原因を思いつくだけ挙げてみます。サッカー協会にオーガナイズ能力が欠けていた、本気で選手を支援してこなかった、監督の人選に政治が絡んだ、選手の精神力が弱かった、負け癖がついていた、大国コンプレックスが強かった、国際経験が足りなかった、国民もクラブばかり応援し代表に信頼を寄せてこなかった、他にもきっとたくさんのことが指摘できるのでしょう。でも一つはっきりしているのは、こうした問題が今ではかなり改善されているということです。協会の組織もしっかりしてきましたし、選手たちは海外の最強クラブで経験を積み、ユース時代の優勝経験から大国コンプレックスを払拭し、国民も代表を信頼しています。今月六日の最終戦、ポルトガル代表にとり幸運のルース・スタジアムの観客席には、「もし代表が空の上でプレーするならば、我々はみな命を捨ててゲームを見に行こう」という横断幕があったといいます。もちろん、九月の対キプロス戦、前半に先制されたときは、アナウンサーの口から「またしてもポルトガルの『宿命』が姿を見せるのでしょうか？」なんていう悲鳴が上がったりもしました。でも代表のメンバーは逆転し、勝利しました。今の代表は違うメンタリティーを持っています。国民の信頼も厚いものがあります。十六年前のメキシコ大会とは違う、三十六年前を上回る偉業を達成できるのではないか？　そんな期待を抱きながら来年の六月を待とうと思います。ありがとうございました。

［ディスカッション］

サッカーボールに映る民族性

throw-in

第二回のディスカッションのタイトルは、「サッカーボールに映る民族性」というものでした。世界でもっとも多くの地域で行なわれているスポーツであるサッカー。しかし、ルールは共通だとしても、フィールド上で行なわれていることといったら、おそろしく多様です。ブラジル、アルゼンチン、フランス、ドイツ、イングランド、あるいはカメルーン、ナイジェリア……。地球上には、じつに様々なスタイルのサッカーが存在しています。それぞれの国のナショナルチームが鮮やかに表現して見せる「民族」の特性は、間違いなくワールドカップの魅力の大きな部分を占めていると言えましょう。

けれども、「民族性」という言葉は、どこか胡散臭い空気も産み出します。「ブラジルのイマジネーション」、「フランスのエスプリ」、「ゲルマン魂」……。意味ありげな言葉を使って思考と感受性の怠惰をごまかしている場合もあるかもしれません。討論の中で野村さんが批判的におっしゃっていた通り、安易に「民族」という言葉を使うと、様々なものがむしろ見えなくなってしまうことでしょう。

しかしまた、パネリストの皆さんのお話をうかがっているうちに、各国のサッカー事情について、驚くほどの相違が浮かび上がってきたことも事実です。とりわけ、康さんが話してくださった韓国のサッカー界のシステムは、ショッキングでさえありました。少数エリート主義の中で淘汰される学生サッカー選手たち、やがて来る軍への入隊、そして四十代、五十代の紳士たちがテクニックを披露する草サッカー……。インテリな洪明甫《ホンミョンボ》や、野性的な崔龍洙《チェヨンス》らも、そういう体制の中から生まれてきた選手たちなのですね。ナイーブに「民族性」を語ることは愚かだとしても、「文化としてのシステム」がたしかに各国のサッカー界にも存在します。それは最終的にはピッチでのプレーとしても表現されることでしょう。

さらに、討論の終盤においてキーワードとして浮上してきたのが、「移民」あるいは「混血」でした。王者ブラジルからして、ヨーロッパ系やアフリカ系をはじめとする様々な血が混じりあって成立している混血国家です。今をときめくフランスやポルトガルも、かつての植民地からアフリカの身体能力を吸い上げて華麗なサッカーを作り上げている、というのが市之瀬さんのお話の中にもありました。さらに言えば、各国の有力クラブチームにおいてはますます国際化は進み、「臨時」のチームに過ぎないナショナルチームよりもエキサイティングな戦術・プレーを見せているという評価さえあります。

各国、各地域ごとに存在する独自のシステムと、それを越え出ていくフットボーラー達。私たちが言葉でうまくとらえ切れない静と動の弁証法を、サッカーはものの見事にイメージとして捉えているのかもしれません。（粂川）

〝民族〟という概念のあやふやさ

司会　ただいま、『サッカーマガジン』の伊東編集長が、到着されました。どうぞ。

伊東　みなさん、こんにちは。きょうは壮大なタイトルのシンポジウムにお招きいただいて、ありがとうございました。どんなことをしゃべってよいのか……、なんとかまとめさせていただきます。よろしくお願いいたします。

司会　おまたせしました。それでは壮大なタイトル、「サッカーボールに映る民族と世界」と題しまして、サッカーのプレーやスタイルが、国民性や文化とどのような関係があるのか、うかがっていこうと思います。

では、まず野村さんにお話していただきたいのですが、国民性あるいは民族性、日本人はこういう特徴があるとか、韓国人はこう、ブラジル人はこうであるというようなことはよく言われますが、こういうものの言い方自体なにか怪しげなところもあると思うのですが、スポーツにおいては、意外と、すんなり使われてしまうことがあります。野村さんの取材の経験で、スポーツの取材に限らず、国民性や民族性を強く感じたときはどんな場面であったでしょうか。

野村　日本は単一民族であり、アイヌ民族はすでに同化しているといったような発言がなされて、物議をかもし出したことがありましたけれども、日本は単一民族ではないんですね。アイヌ民族以外にも、在日コリアンの人たちがいるし、在日中国人がいるし、在日ブラジル人・ペルー人もいる、すでに日本は多民族国家になっている。ですから国民イコール民族という考え方がまず間違いです。私たちはごくごく当然のように、自分は日本人であるとか、自分はコリアンであるとか言いますけれど、日本人あるいはコリアンという概念自体が実はあやふやなもので、あなたは自分のことをどうして日本人と言えるのか、ちょっと考えてみていただきたい。日本の国籍をとっているから。そうでもないわけです。サッカーの＊呂比須《ロペス》選手は日本国籍をとっていますが、ではそれで日本人なのか。あるいは出生地――、日本以外で生まれても日本人であるわけです。あるいは言葉――、日本語が話せれば日本人かというとそういうことはないわけです。日本語が日本人以上に上手な外国人はいっぱいいるわけですから。

あるいは名前――、在日韓国朝鮮人の九割以上は日本名を名のっています、普段は。たとえば有名な人でいうと、にしきのあきらさん、都はるみさん、俳優の岩城滉一さん、この人たちは自分がコリアンであることを明かしていますが、一般的には日本名を名のっています。スポーツ界にも多くて、野球界では金田正一さん、張本勲さん、いまで言うと広島の金本知憲選手、サッカーの世界も多い。日本名を名のって活躍しているわけです。

ちょっと脱線してしまいましたが、国籍でも出生地でも、言葉でも名前でも、民族をくくれないんですね。だから「あなたはどうして日本人ですと言えるのか」と訊かれて、はっきりと定義できる人は実はいないのです。それはコリアンでも同じです。

では日本人とかコリアン・在日コリアンとは存在しないのかというと、存在するわけです。くくれはしないけれども、存在するわけです。ではどういうふうにみるべきか。最近、有力になってきている考え方が一つあるのですが、虹の色が赤から青に変わっていくように、たとえば青が日本人で、赤がコリアンというようにははっきり言えない。虹の色の連

＊呂比須▼ブラジル出身の呂比須ワグナーは一九九七年、日本代表がワールドカップ予選を戦っている最中に日本国籍を取得し、ワールドカップ初出場に大きく貢献した。九八年ワールドカップ、中山による日本の唯一のゴールは呂比須のヘディングから生まれた。

続した帯のなかに、個人が位置付けられる。真っ赤な人間もいなければ、真っ青な人間もいない。そのバリエーションのなかに民族は位置付けられるという考え方が、一つ有力になってきていて、この考え方は私も支持しています。

司会　ありがとうございます。国民性とか民族性といった概念は輪郭がはっきりと存在しないわけですが、なにか存在していることも事実ではないかとも思えます。

日本のサッカーファンはブラジルにたいする憧れが強くて、最近は高校生でもブラジルへ行って学びたいという人がいます。私たちの外国語学部におきましても、やはりポルトガルの、あるいはブラジルの文化を勉強するために留学したい、ドイツ・フランス・ロシアに留学したい、そしてそこで何か日本にはない文化を学んできたいと、留学する若者が増えてきています。異文化を学ぶというのはとっても難しいところがあるわけで、マリーニョさんにおききしたいのは、ブラジルらしいサッカーがあるのでしょうか、あるとすれば日本人が学ぶことができるでしょうか。

ブラジル式の〝魅了する〟サッカー

マリーニョ　けっこう若い人に会うと、「今度ブラジルに行くから、アドバイスをください」とよく言われます。まず、外国へ行くのだから、言葉を覚えなさいと言います。コミュニケーションをとらないと、すべての面で難しくなりますから。サッカーの面でどうすればいいか。少なくとも、向こうへ行って違う環境に触れることは確かですから。ブラジルのサッカーの環境はすばらしいものがあります。サッカーをやる場所がたくさんあり

◀野村氏

ますから。

若い人がブラジルへ行って、帰ってきて言うには、「ぼくはブラジルでプロでやりました」。まわりの人はすごいなと思いますが、よく考えてみれば、ブラジルにはプロチームだけで全国で二千以上あります、上から下まで見れば。誰でもとはいわないが、普通のサッカーをやる人でもプロになれるかもしれない。ブラジルでプロでやったからということで、問題にしてはいけないと思います。どこでやったかと訊くと、なんとかサンパウロ……、田舎のチームだな、たいしたことないな、正直なところ。たいしたことのないチームでやったとしても違う環境での経験はしたと思いますよ。いろんな壁がありますから、食べ物の壁とか、いろんな面でぶつかるところが多いから、進歩につながると思います。

だけども、ちょっと、みんな勘違いしているのは、ブラジルへ行ったらサッカーがうまくなると思っている人が多い。親が私に訊くのです、うちの息子がブラジルへ行くけど大丈夫かな、と。いい経験になることは確かですが、うまくなるかどうかは別の話ですよ。三浦知良の例もあるから、ブラジルに行けば三浦知良*のようになるだろうと思うのは大間違いですからね。そうなるのは難しい、不可能に近いかもしれません。だけどもいい経験にはなる。いろんな人と出遭って、日本に帰ってきて、コーチになったとか、Jリーグの選手になった人もいます。指導者になったり、いろんなことに携わってクラブを運営したりですとか、学ぶところが多いと思います。悪いことではない。

向こうへ行って、サッカーに関しては環境がいいですから、いろんな問題も見えてくるし、いろんな体制が見られる。日本にいると、クラブに所属して、同じ監督が何年もいたりしますが、向こうは毎日サッカーができます、やろうとしたら。普通の若い日本人がブ

＊三浦知良のように▼一九八二年、十五歳のカズは静岡学園高等学校を八ヵ月で中退、単身ブラジルに渡った。以後八年間、王国ブラジルのプロリーグの階段を昇り続ける。

ラジルに行くと最初はパルメイラス*とかコリンチャンス*とかサントス*などに行くわけです。練習はまずフィジカルばかり。実際の練習に出るのは少ない。面白くないから、あちこちの、甘くなる方に行く。そこだとどこでも出られるのです。まあとにかく日本でできない経験を向こうでできます。

民族性の話ですけど、まじめに民族性の話をするとすごいたいへんです、むちゃくちゃですから、ブラジルは。全世界から来ていますから。ぼくの場合、お父さんはイタリア系、お母さんはスペイン系でポルトガルがまざってます。あとで聞いたことですが、うちのおばあちゃんの最初の旦那さんがロシア人だったとか、本当かな。いろいろな人がいるから民族性の話は難しい。

スタイルとしては、南米の人は意外性を好む傾向にあります。あたりまえのことは誰でもできる。芸術的な方を見たがる。ゴール前にいて、キーパーがいて、パンと蹴っても面白くない。なんか芸がないとダメです。子どものときサッカーで遊んで喜んでいると、お父さんやうるさい叔父さんが言う、「なに喜んでいるのかって？　キーパーを倒して点を取ったから喜んでいるんだよ。普通の点の取り方だったら誰でもできる、簡単だよ、だめだよ、キーパーを倒したり股の下を通すとか芸をしないと面白くない」。そういう教育です。好きな叔父さんが喜ぶために、同じ状況だったら今度はキーパーをかわしてみよう、キーパーの股を狙おうと思う。環境が私たちに教えてくれるわけです。遊びの場合はキーパーの股抜きをした方が面白い。ただ得点するよりもこちらの方がなぜ面白いかというと、遊びだからです。子供同士の遊びにきょうは何点ゲームにしようとか言って、例えば十二点ゲームにする、先に十二点取ったほうが勝ち。終ってまだ時間があるとき、よしまだ十

＊パルメイラス▼一九一四年サンパウロのイタリア移民が創立したクラブ。クルゼイロのモデルとなった。一九四二年ブラジルが枢軸国ドイツ、イタリア、日本に宣戦布告したとき、チーム名をパレストラ・イタリアからパルメイラスに変えた。エジムンド、サンパイオ、カフーなど日本でも馴染みの深い選手がプレーした。チーム名が「ヤシの木」を意味するように、緑のユニフォームを着る。

＊コリンチャンス▼サンパウロのクラブチーム。熱狂的なサポーターで知られる。二〇〇〇年一月FIFA世界クラブ選手権で優勝。サッカー解説者セルジオ越後氏がかつて所属したチームでもある。

＊サントス▼ペレがプレーしたチームといえばそれで十分、と言ったら失礼か？

点ゲームをやろうということになる。得点が問題ではない。内容が問題になるわけですよ。面白い内容になると、みんな好むわけです。プロにもそれが移るわけです。

勝負か芸か

マリーニョ　ブラジルの最大の選手は誰だろう。ブラジル人にきいたら九九パーセントはペレと答える。ペレ選手はサッカーの神様というわけです。だけど、一番好きな選手は誰か、一番愛された選手は誰かとなると、ガリンシャ*という選手です。伝説となった人です。いろんなエピソードがあります。マラカナン・スタジアム*で、ボタフォゴ*というチームに入っていたのですが、弱いチームと試合をやっていたんですが、ペナルティ・エリアに入ってドリブルして相手をかわしてキーパーと一対一となった。キーパーをかわした。ゴールまえまで行ってもどった。もう一回キーパーと勝負して、入れた。なぜ、そういうことをするんだよと、みんなびっくりしたわけです。入れればいいじゃないかと。すると「キーパーがかわいそうじゃないか。滑ったんだから」と言うわけです。「あれは勝負にならないよ」と。もう一回勝負して入れた。それくらいの選手でした。純粋で、勝負にこだわらないで、お客さんを喜ばすことに賭けていた。実はワールドカップで二回優勝しているから、まじめにやればいいと思うんですけども、試合で面白いことをやって、国民がそれを好むわけです。

　さっきの話にもありましたが、ブラジルの九四年の優勝は、ぼくが思うに、多くの国民は喜んでいないです。サッカーというのは芸術なんだから、芸術的なことをやって、勝っ

*ガリンシャ▼一九五八年、六二年のワールドカップで大活躍した右ウイング。ブラジル人は完璧なペレよりも人間味あふれるガリンシャを愛し、「国民の喜び」と呼んだ。あるとき、「国民の喜び」と呼ばれることをどう思うかと聞かれた際、彼は「私が国民の喜びというよりは、国民こそが私の喜びである」と答えた。

*マラカナン・スタジアム▼リオデジャネイロにあるサッカー専用スタジアム。地元開催の一九五〇年ワールドカップのために国家の威信をかけて建設されたが、対ウルグアイ戦の悲劇の舞台となった。その試合には二十万人以上の観客が収容されていたというが、改修後の現在は十二万人ほどを収容するだけとなった。

*ボタフォゴ▼一九〇四年創立のリオデジャネイロの名門クラブ。ガリンシャ、ザガロ、ジャイルジーニョなどといったブラジルの名選手たちが所属した。

たら最高であると思っている。一九七〇年は、いいサッカーをやって勝ったとみんな思っています。結果も出しています。一九八二年と八六年は失敗はあったが、いいチームだった。それを九〇年からやめてまた失敗した。失敗するならばきれいな失敗をしましょうよと、みんなそう思っています。ですから国民性としては、面白いサッカーをやること、みんなよく使っている言葉で〝ファンタジスタ〟という言葉があります。戦術や組織的なサッカーを守りながら、面白いことをやるプレーヤー、見せるサッカーをやれるのが最高なのです。夢ではあるかもしれませんが、ブラジル人はそう思っているのです。

日本人がブラジルへ行って学べるのはそういうことではないかなと思います。残念ながら九八年にフランスが優勝したから、みんなフランスのサッカーがいいと言っていますがね。ワールドカップで優勝したから、今、多くの人がフランスに行っているのではないかな。

司会　ありがとうございます。いまマリーニョさんのお話をうかがっているだけでも、やはりブラジルのサッカーは面白いんだなあと感じて、ブラジルに行く人がますます増えていくのではないかと思いますが、残念ながら日本のサッカーは往々にして、日本は集団主義だからとか、飛び出す人間がいないからとか、ゲームメーカーはいるけれどストライカーに欠けているとかいう記事にされることもありまして……。お隣りの韓国は同じアジアの近い民族ではありながら、だいぶ事情が違うそうですね。韓国の方々は自分たちのイメージをどのように思っているのでしょうか。あるいは、サッカーについてはどのようなイメージをもっているのでしょうか。

韓国は〝草サッカー天国〟

康 韓国ではサッカーはするスポーツです。とにかく草の根的にみんなサッカーをやっています。学校はアスファルトでなくて土のコートです。日曜日はどの学校でも自由開放しているので、村の連中とか町の連中が必ず日曜日の朝に集まってきて、例えば年代別に、二十代対三十代とか、五十代同士の村対抗戦とか、とにかく日曜日の朝、韓国中が、学校でサッカーをやっています。見ていますと、面白い現象がありまして、二十代チームと三十代・四十代連合チームが試合をやるとだいたい年配側が勝つんですよ。普通サッカーというのは二十代の方が強いんじゃないかなと思うのは、韓国を知らない人の考え方です。韓国人は小さいころからサッカーの蓄積があって、なおかつ軍隊を経ていて体力がありますから、三十代・四十代あたりではまだへばらない。二十代はまだケツが青いということで、技術的にも体力的にも、三対〇で勝っちゃうんですよ。ところが、日本ではあまりサッカーをやっていませんでしょう、みなさん。このなかでサッカー好きな人が多いと思いますけど、自分でやっているかというとあんまりやっていないと思うんですよ。

日本はサッカージャーナリズムが花盛りで、いろいろと雑誌・新聞がありますけれど、韓国にはフリーのライターがほとんどいないので、サッカーの記事は新聞とちょっとの雑誌に載るだけです。日本人からみれば韓国のスポーツ紙も一面はサッカーばかりと思われがちですけれど、とんでもないんです、一面・二面・三面すべて野球です。四面・五面にはへたしたらバスケットボールがきます。サッカーの扱いが非常に少ないのです。雑誌もあまり多くない。なぜか。記事を読まないんですよ、サッカーはするものだから。それくらい韓国の人たちはサッカーをやっていますね。

それだけやっているんだったら、韓国のサッカーは強くなってあたりまえだろうと思うのが普通ですね。実は選手が成長するにしたがって、なかなか強化できないいろいろなネックがあるんですよ。みなさんも聞いたことがあるかもしれませんが、韓国では高校のサッカー部は非常に少ない。日本ですとだいたいどの高校にもサッカー部があります。サッカー部だけではなく、野球部があったり、バスケットボール部があったり、陸上部や水泳部など、どの競技の運動部もありますでしょ。でも韓国では全部の運動部のクラブがある高校というのはほとんどありません。この学校はサッカー部、この学校は野球部、この学校はバスケット部ということで、限定されたかたちでクラブが確保されていますので、当然サッカー部がある学校というのは非常に少ない。そしたらサッカー部のある学校に行くにはどうしたらいいか。中学の段階で、全国大会でベスト4に入った選手がスカウトされるかたちで、サッカー部のある高校にいけるんですよ。つまりもう中学の段階で、自分が競技者としてできるかどうか分岐点にさしかかっているわけです。ベスト4に入らなければ、サッカー部のある高校に行けないので、みんな一生懸命、なんとか自分の中学校が全国大会で勝てるようにします。ですから常に勝負優先、育成という概念は監督も選手もありません。常にその場で勝負に出る。韓国サッカーのもっている勝負強さはそういうところから培われるのですが、高校で伸びる選手を吸収できないところが、韓国サッカーの弱いところです。つまり中学・高校・大学と経ていくなかで、どんどん競技人口が狭まっていく。もれた人たちは草サッカーになるわけで、完全に競技サッカーと草サッカーの間に深い深い溝があります。おまけに、大学に入ったら、陸軍に入らなくてはならず、その間の二十六ヵ月はサッカーができません。軍隊にいったらサッカーは断念しなければなりません。陸軍体育チームというのがありますが、これは年間五〜六人ですからほとんどの人は無理です。軍隊へ行くということはサッカーをあきらめることです。

韓国代表の問題点というのは、選手層が薄いので、監督がいろんなことを試したがってもできないのです。これが韓国のサッカーの問題点です。市民レベルではどこへ行っても、みんなサッカーに興じている。日本のように、こんなにサッカー人口が多い一方で、競技者レベルでは選手層が薄くなっています。徴兵制度もなく、上下関係もなく、自由にサッカーができてお金も投入してもらえれば、韓国のサッカーも強くなるんですけども、それはどうしても限界がありますね。日韓共催という意味で選手育成の面では大きな違いがあって、私が見るところでは、日本の方がずっと恵まれていますね。うらやましいかぎりです。

〝民族＝サッカースタイル〟は幻想か

司会　ありがとうございます。もう少し、康さんに突っ込んでうかがいたいのですが、スタイルのことについて。日本の若者がブラジルのスタイルに憧れるのにたいして、韓国の若者・選手はドイツのサッカーを学ぼうとしているというお話を聞いたことがあるのですが、これは実際にそうなんでしょうか。

康　これは私の考えなんで、ちょっと特殊かもしれませんけども、韓国ではサッカーはサッカーという枠を越えた一つの国威発揚の面もありますね。南米のサッカーはすばらしいのですが、経済力とか世界に占める重要度からいって、韓国はヨーロッパ志向です。サッカーという競技だけではなく、国が格好をつけてしまう。で、やっぱりヨーロッパ、なかでも、ドイツは同じ分断国家でした。そしてあれだけの経済発展をしたということになると、北朝鮮にたいする韓国は、東ドイツにたいする西ドイツの立場だったわけです。サッカーも強い、そして国としても見習うべきだという意味で、ドイツを見習っていると思います。韓国のスポーツはマンツーマンが強い。組織的なスポーツが苦手なのです。たとえば、ディフェンスですと潰したい相手が目の前に来たとき、「このやろう、オレが潰してやろう」とわかりやすい。そういうものが好きなんです。組織的なサッカーなんていうのは、誰が何をやっているのかわからないわけです。例えばハンドボール、これは典型的なマンツーマン・スポーツですね。あれが強い。それからバスケットボールもけっこう強いですよね。目で見て自分の敵がわかりやすいというマンツーマン・スポーツが好きなので、韓国のサッカーのスタイルはずっとマンツーマンでディフェンスをする。ところがこれは世界の戦術から遅れていますので、ヨーロッパの強豪国に〇対五でよく負ける。ディフェンスが時代遅れなわけですね。これは、しかたないんですよ。組織的なサッカーに慣れていないんですから。それをいま監督が一番、頭を痛めているのではないかと思います。戦前の新聞を見てみますと、一九二〇年代の後半から、日本と朝鮮半島のサッカーは、個人技の朝鮮半島、組織力の日本と評されていました。その図式が八十年間かわりません。やっぱりサッカーというのは民族の枠を超えられないようですね。民族性が一番でます。戦前から、今も、変わらないというのはサッカーのもっている普遍的な性質かと思います。

司会　ありがとうございました。ここでせっかくご到着いただいた伊東さんに少し、お話をうかがいたいと思いますが、国の弱い部分があって世界のレベルに追いつこうとすると き、昔、日本では陸軍はドイツ式とか、海軍はイギリス式とか、憲法はドイツ人に習ったり、どこかモデルをつくって追いつこうとする。サッカーもどこかの国、どこかのスタイルを見て、それを学ぼうとする。そのような発想はあったでしょうか。

伊東　いまスタイルとおっしゃいましたけれど、その前に確認しなければならないのは、たとえば、六〇年代・七〇年代、「ダイアモンド・サッカー」というテレビ番組があって、サッカーを紹介するメディアがまだまだ少なかったころに、新聞記者の諸先輩の方々が、まずワールドカップを観戦に行った。その報告からサッカーメディアが成り立っていると思います。われわれがその報告を子ども心に読んで、例えば、ドイツ人は粘り強いとか、ブラジル人はテクニック優先、イングランドはロングボール*が多い、そういうものを民族性と結び付けて報告することが多かった。それをうのみにするわけでもないのですが、サッカーというのは民族性を反映したスポーツなんだなと理解してきました。そういう部分は確かにあるとは思いますが、その後、自分自身がこの仕事をするようになって、ワールドカップを取材に行くと、どうもこれはあやしいと気づかされた。例えば九四年のアメリカのワールドカップで優勝したブラジル代表は、カルロス・アルベイト・パヘイラ監督がものすごく現実的なサッカーをやって、ライーというテクニシャンがはずされる一方で、中盤の二列目にマジーニョとジーニョという働き蜂を置く。非常に強烈なプレッシングのサッカーを展開して、サイドバックがすばらしいスピードであがっていく。前線にベベトとロマーリオといういかにもブラジルらしい選手がいたんですけど、これはいままでのイメージのブラジル・サッカーではないぞと、まずそれをまのあたりにしました。どうも民

＊ロングボール▼英国人がデビッド・ベッカムに熱狂するのは、ハンサムな彼がスパイス・ガールズのひとりを妻にしたから(だけ)ではないだろう。ベッカムの右足からくり出されるロングボールから生まれるゴールこそ、イギリス・サッカーの夢なのだ。

族性とサッカースタイルは違うらしい。単純にそこから出発すると、どうもキケンだなということにだんだん気づいたわけです。

九八年にフランスが優勝しましたけれど、これもアフリカ系あるいは黒人系の選手をうまくつかって優勝しました。それまでのシャンパン・サッカーと言われる、いわゆるフランスのサッカーとはだいぶ趣が異なるものです。日本に世界のサッカーがなかなか報告されない時代に図式化されてきたものを、われわれはだんだん崩して、学んでいかないといけない。

さっき、韓国とドイツのサッカーの話がでましたけど、日本も五〇年代の末あたりから六〇年代にかけてドイツのサッカーに学んでいます。学んでいるというより、ドイツからコーチ*が来たという現実的なことです。ドイツのサッカーの気風が注入されて、それで非常に粘り強くなったのかどうか。その検証は慎重にしなければと思います。

九八年のフランスのチームを見ても、多民族をうまく組み合わせていくわけですから、それはサッカーの民族性の反映ではなく、監督の志向が色濃く反映されているのです。九四年のブラジルも同じで、これから日本でもいろんな血が混ざっていくなかで、いろんなものをチョイスできる環境ができてくる。そういうなかでどこかの国を目指すという思考はだんだんあり得なくなってくるのではないかと思います。

移り行くサッカースタイル、ゆらぎ行く民族と国家

司会 ありがとうございます。いまのフランスの強い要素についてですが、さきほどの市

＊ドイツからコーチが来た▼デットマール・クラマー。一九二六年ドルトムント生まれ。一九六〇年、東京五輪代表強化コーチとして初来日、六八年メキシコ五輪で日本代表を銅メダルに導いた。現在は、中国でサッカー指導者を育成している。

之瀬さんの話された、ポルトガル・サッカーもアフリカの要素を上手に取り入れて、強いサッカースタイル、チームをつくってきたということと通じるでしょうか。そうしますと、佐山さんにおうかがいしたいのですが、むしろ、外のよさ、例えばアフリカのよさを上手に取り入れることが、強くなっていくことという言い方をしてもよろしいのでしょうか。

佐山　テレビ・メディアの発達とともにそれさえもいまや通り過ぎつつありまして、みんな同じで面白くないという、何かしら退屈した感覚があります。車のデザインを見ても然《しか》りです。どこの国にいっても同じような風景ばかりです。日本ではオープンエア・カフェなんて実現しないだろうと思っていたら、あっという間にできてしまいました。グローバル化が進み過ぎてあまり面白くないというのが実感としてあります。その反動かもしれないけれど、国民性コンテストとしてのワールドカップという側面があったほうが、物語としては面白いと思うんです。

ラモス*が日本に初めて来たとき、日本のサッカーの中盤を見てたまげたといいます。中盤が忙しすぎてどうしたらよいかわからない。その傾向はいまも続いていますよね。ゴール＝幸せの手前のポジションで過労死するようなクセが。あまり指摘されませんけれども、中盤志向の子どもたちが本当に多いんです。ぼくも中盤の選手でした。オフト*と代表監督時代に会ったとき、ぼくの雰囲気をみてポジションがわかる、体型や雰囲気などを見て君はMFだな、と当てました。中盤は一番人数が多いのであたる確率は多いのですけれど。

——会場、笑い——シュートより中盤のパス回しがぬきでて、組織力しかないのが〝日本病〟と言えるかもしれません。

司会　ありがとうございます。国民性のデパートとしてのワールドカップは過ぎ去ってい

＊ラモス▼ブラジル出身のルイ・ラモスは八九年に日本国籍を取得、ラモス瑠偉となり、九四年ワールドカップ・アメリカ大会の出場を目指したが、予選最終戦の対イラク戦、終了直前に同点に追いつかれ、出場を逃した。イラクのゴールの瞬間に見せた呆然とした表情が忘れられない。

＊オフト▼オランダ人ハンス・オフトは八二年に来日、ヤマハのコーチを務めた後、九二年、日本代表初の外国人監督となる。監督就任時、日本をワールドカップ・アメリカ大会に連れて行くと宣言したが、九三年一〇月アジア最終予選の最後の最後で、予選突破に失敗した。その後Jリーグのジュビロ磐田、京都サンガで指揮をとり、二〇〇二年からは浦和レッズの監督。

るとのお話でしたが、来年、どのような雰囲気の試合が観られるのか、楽しみにしたいと思います。ここでみなさまから、また、ご意見・質問などがいただけるようでしたら、お願いしたいと思います。

発言者D　質問させていただきます。題名にあるように〝サッカーボールに映る民族と世界〟ということですが、さきほどの市之瀬先生のお話や、九八年フランスの黒人選手のことがありましたが、いま日本の清水エスパルスのアレックス選手の帰化問題が話題になっています。ぼくの個人的な考え方としては、野村さんのおっしゃっていたように、民族イコール国民ではないという考えがあって、アイデンティティが日本人であるならば、それでかまわないと思うんですが、やっぱり日本は島国なので外の人間を自分たちと異なる人間とみなすような、閉鎖的な面があると思います。

そこで、康さんとオプヒュルス＝カシマさんにお訊きしたいのですが、ドイツでもアサモア選手が代表に入ったとか、韓国でも名前は忘れましたが、ブラジル系選手の帰化問題があると聞いていますが、それに関して国内でどのような見方がされているのでしょうか。

康　日本では呂比須選手が帰化して、すぐ日韓戦に出ましたでしょ、九七年九月二八日でしたか。あれは韓国を刺激しました。「日本はそこまでして勝ちたいのか」と。「こんな日本には負けられない」と、ある意味ではあれがよかったのです、韓国にとっては。逆に気合が入って逆転勝ちしましたね、劇的に。あのイメージがありますので、韓国では外国人選手を帰化させてまで勝ちたくないという気持ちはあります。それから韓国人は愛国的過ぎて、逆に外国のものを受け入れないところがあります。外来語はほとんど自国の言葉に直して使うくらいです。「コンビニ」も「便宜店」といっています。「コンビニ」の方がいいと思うんですけど、ぼくは。それくらい自分の国の言葉と文化を大事にしようという国民性です。このところ韓国サッカーは苦境にたっていますので、外国人監督ということでヒディンクも呼んでいます。とにかく韓国だけでは限界があるから、いろんな外国のものを取り入れたいということもありますが、しかし、はっきり言って、国民的には、いくら自国で開催するといっても、帰化させてまで代表として選手を獲得することにかんして抵抗は非常に強い。いっとき有力選手を帰化させることをサッカー協会が目論んでいましたが、国民の反発も大きいということで、実際にはたぶん代表入りはしないと思います。

オプヒュルス　けっこう難しい問題だと思います。フランスのように多民族のチームをつくらなければならないという意識が強まってきた。ドイツの社会は昔から移民があったのです。移民でつくられた国ではなく、単一民族としての意識の方が強いとしたら、それはある程度、幻想の部分があると思います。ナチスのチームを見れば長い間、ポーランド系の名前が目立ちます。私はルール工業地帯で育ちましたが、この地方では、移民は何パーセントかはわかりませんが、例えばボフトルという都市は三分の一はポーランド人移民子孫です。そうした移民から優れた選手がたくさんでています。

フランスを見てフランスのように強くなりたいという気持ちがある一方、矛盾していることですが、移民にたいする差別、例えば相手のチームの黒人にバナナを投げる、というようなひどい差別があります、ドイツでは。

代表に外国人が選ばれて成功したら認める、失敗したらやっぱり外国人はダメだというような傾向があります。

「素足の選手」といわれるストリートのサッカー少年たちは、移民のなかに多く、自然な技術、荒地で学んだ技術をもっていましたが、そういう選手は少なくなりました。むかしはドイツではポーランド移民出身の選手が多かったが、いまは黒人の移民の子孫は代表に選ばれないという感じです。この問題はいろいろ議論されますが、ポルトガルやイギリスやフランスのようにアフリカで植民地をもった国はアフリカからの移民が多く、ドイツは少ないんですが、ドイツにとって損になるかもしれません。

司会　ありがとうございました。

現状と展望——日本の場合

——ディスカッションでは、ワールドカップをその頂点とするナショナルチームによるサッカーとはまた別の世界として、ヨーロッパなどでますます盛りあがりを見せているクラブチームのサッカーが話題となりました。佐山さんは、今後のサッカー界でクラブチームとナショナルチームはどんな関係になっていくとお考えですか。

佐山　世界各地のクラブチームがどんな経営をしているのか、ということでの興味はありますけど、やっぱりぼくはまず、日本のクラブチームとナショナルチームのことを考えるべきだと思いますね。ヨーロッパ人のJリーグ監督が最近の『サッカーマガジン』で、「Jリーグはヨーロッパのリーグを四段階に分けるならば上から二番目のグループに入る」と言ってました。まあサッカー・ネイションの二部リーグ程度まで来ているということなんですかね。非サッカー・ネイションであれば一部リーグという感じですか。よくわからんですが……。

——うーん、まだまだ後進地扱いってことですね。

佐山　ぼくは、日本代表チームの監督を調教師タイプの外国人がやってるっていうこと自体でもう、ちょっと気分が萎えちゃうところがあるんですよね。Jリーグの監督を外国人がやるのは気にもならなかったんですが、(代表監督が) 決まる過程について知れば知るほど……。ところがいま、Jリーグの監督をやっている人の中で、日本代表監督になるためのレースの何番手を走っているか、という自覚なり野心なりを持っている人はほんの一握りなんですよね。（代表監督になりたい、とは）言いたくても言えない状況はあるのでしょうが……。そのことを、この一年くらいずっと考えていましたね。

ぼくは、現在指導者というか、監督、コーチと呼ばれる仕事をしている人たちよりも少しだけ「お兄さん」の世代なもんで、彼らに肩入れして考えるところがあります。彼らにとっての（目指すべき）最高峰の就職口であるはずの代表監督というポストが、長期間遠ざけられてしまっているんじゃないのか、というような話をすることがあるんです。「そんなに、あなたたちには資格がないのか」って、焚きつけたりすることもあります（笑い）。「日本病」としてのブランド信仰が、この問題と重なっているんじゃないのかと思うこともあります。……このテーマはきっと、ワールドカップが終わるまで考え続けるでしょうね。

――こまった時の外国人だのみ、という伝統のようなものが日本にはありますからね。

佐山　そうなんです。たとえば、トルシエ監督が若い選手の横っ面をいきなりひっぱたくと、メディアは「愛のムチ」とかって書くわけですよ。日本人監督がその究極手法を使ったら、そんなふうに書くでしょうか？　こんなのは植民地主義だ……、なんて考え始めると、何から何まで不愉快になってきちゃう（苦笑い）。こんなことを言うと、すぐ「右翼だ」、「偏狭な外国人排斥主義だ」って言われてしまいますけど……。やっぱりサッカーは、子供たちに見てほしいし、無邪気に楽しめる要素も残しておいてほしいと思いますよね。トルシェの選手掌握法には、そうさせない問題体育教師的な逆行的要素が多いんです。

――たしかに、サッカーは舶来コンプレックスみたいなのが強い競技かもしれませんね。

佐山　「ナショナルチームよりも（国際的に選手を集める）クラブチームの方が魅力的になっていく」という言説は新鮮に聞こえるかもしれません。しかし（ナショナルチームにおいて）急速にグローバリズムを進めてしまうと、面白くなくなってしまうんじゃないかなって思うんですね。ラモス、呂比須、三都主*みたいに、属地主義的に一人や二人帰化しても、全然気にならないですよ。ただ、代表監督が洗練と程遠いキャラの外国人で、しかもエキセントリックなキャラクターが容認されて……、ってなっていくと、ほんとに悲しくなるんだなあ。内輪もめよりその方がいいという次善の策でしかないことはみんな知っていることなんですけどね。

　サッカー界の裏事情を知ってしまうと、嫌気がさしてきますよ。協会の幹部の適切な年齢っていうのも考えたほうがいいと思いますね。長沼健氏にしても、川淵三郎チェアマンにしても在任期間が長すぎます。次の人が育たないし、後継候補を誰にするのかも分からないような状態です。

――現体制のトップの人たちは、「ワールドカップまでは……」という気持ちが強いんじゃないですか？　ワールドカップが終わると新しい時代が来るのでは？

佐山　どうですかねえ。メディアもメディアなんですよ。専門の記者なら裏事情なども知っているわけですけれど、私はこれ（サッカー）で生きていかなくちゃいけないということで、一種の精神的売春をしいられているんです。先だっての某紙のコラムなんか、大政翼賛会ですよ。「メディアはこれからは言葉を慎んで、すべてが上手くいくように配慮しろ」って言うんですからね。われわれ（ライター）の稼業は、軽率さの見張り番をしつつ

＊三都主▼アレサンドロ・サントスは高校生のときブラジルから来日。卒業後、現在はJリーグの清水エスパルスで活躍している。二〇〇一年一一月日本国籍を取得、二〇〇二年三月のウクライナ戦で代表デビューを果たした。ダイナミックかつスピーディーなドリブル、正確なキックはワールドカップで大きな武器になると期待されている。

いかにテクストを輝かせるかに尽きるんですよね。少なくとも、八十年代においてはそれが前提だった。『プロ・サッカー批評宣言』をしないといけないですね。

——Jリーグが発足して、ワールドカップが開催されるようになって、むしろメディアの姿勢は後退している……と？

佐山　後退している面の方が多いんじゃないですかね。啓蒙・普及的言説の次に来るものをそろそろ模索しないと……。「Jリーグの理念」や「百年構想」なんて看板があるにしても、理念、理念の空念仏ばかりでは、やっぱり落とし穴にはまりますよ。しかもそれを年老いた人々がやっているわけでね。彼らの仕事は本来、いたるところに出かけていって、不特定多数の人たちと会って、コミュニケーションを深めて……という作業でしょう。年とったらきついと思いますよ。

——たしかに、ひとつの「理念」だけにもとづいてすべてを機能させようとすると、逆にしなやかさや活力が失われるということはあるでしょうね。一方、「百年構想」も十年は過ぎてしまって、ワールドカップも来てしまいます。となると、その後の展開というのは話し合われているのでしょうか。あるいは、「ポスト・トルシエ」などについて？

佐山　今はワールドカップという国家的イベントに邁進してますからね、深く考えたり話し合う時間は少ないでしょう。プロ・サッカーがもっと若く優秀な人々にとって魅力がある場所になるためには今後どうあるべきなのか、というような各論のところもきめ細かく考えていかないと。今、J1とJ2を平均すると、報酬は一般サラリーマンと比べても良くはないですよね。高校出てすぐにJリーグに入っても、二、三年やって芽が出ない場合は辞めることもあるわけですよね。そういう連中が社会常識を身につけられるような雰囲気作りができれば、セカンド・キャリアの面でもそれほど心配はいらないわけですよ。サッカー辞めたら世間なり社会なりで通用しない若者ばかりというのでは、各方面に弊害が出てくるでしょうね。ところが矛盾が発生しても現状は全部Ｊリーグという機構任せ。第二芸能界化の進行という意味では、十年近く前のＪバブル期とあまり変わらないですね。「ポスト・トルシエ」については、彼が決して中興の祖などではないことを正しく論証・実践できる人が選ばれるべきだと思います。

［講演］

ドイツにおけるサッカー・クラブの名称とその象徴的な意味について

――ライノルト・オプヒュルス＝カシマ

名前とアイデンティティ

　ドイツには「名は音と煙」という諺があります。つまり、名前には意味はない、ということです。本当にそうなら、「ドイツにおける（正確にいうなら、DFBドイツ・サッカー連盟のリーグに属する）クラブの名前とそれらの象徴的な意味について」などという薄っぺらいテーマについて考えるのは奇妙な感じがするかもしれません。しかし私は、名前に全然意味がないとは思いません。クラブ名は象徴的な構造を持っており、競技の持つアイデンティティが濃厚に刻印されているのです。日本の野球チームの名前は、アメリカと同じように動物の名前が多いわけですが、これはこのスポーツがアメリカから日本に入ってきたというだけでなく、野球においては、今日に至るまでアメリカの先例を参考にしながら様々な決定がなされてきたことを示しています。

　ですから、クラブ名というテーマによって、*ドイツにおけるサッカーついて二つのことを学ぶことができると思います。一つには、名前はそれぞれのクラブのアイデンティティに深く関わっているということです。どの名前を選んで、どのような伝統を守ってきたかというのは、ドイツのサッカーの文化とその歴史に深く関わっているはずです。二つめは、ドイツのサッカー・クラブのほぼ百二十年間の歴史には、いろいろな変化もありましたが、その遍歴はサッカーまたはスポーツ・クラブの名前の上に刻印されています。その軌跡を追いつつ、クラブの名前の視点から、ドイツのサッカーの歴史の諸局面に、いささか大ざっぱですが、触れてみたいと思います。

＊ドイツにおけるサッカー▼
「ドイツ・サッカーの草創期においてクラブ名がどのように考案されたかについての興味深い例がＴＳＶフォルトゥナ・デュッセルドルフだ。このチームは一九三三年にはまだドイツ王者だったが、今日は三流チームに落ちぶれてしまっている。［……］一九一二年、ＦＫアレマニア１９１１（当時はこのク

まず、ＤＦＢ（ドイツサッカー連名）所属クラブの数をみてみましょう、二〇〇〇年のデータでは

クラブ数：約二六〇〇〇

メンバー：約六〇〇万人（女性：約八〇万）。

チーム（青年と他のチームをふくめて）：約十七万。

リーグ：地方によって違いますが、大体九～十一ぐらいのレベルがあります（ピラミッド型）。その上部の「ブンデスリーガ」と「二部リーガ」がプロ・サッカーのリーグですが、他はアマチュアのリーグです。（二〇〇一年のＤＦＢのホーム・ページによる）

最初に機能的な名前と象徴的な名前を区別したいと思います。どのクラブ、どの政党、どの会社、どの組織でも、機能的な名前が必要です。その上で、ドイツのサッカーの場合、二、三割程度ぐらいのクラブの名前は、象徴的な意味を持つ場合があります。それはとくに大都市に多い傾向です。村と町のクラブの場合、村または町の名前を機能的な名前として使うのが、アイデンティティをつくりあげるために効果的だと言えるでしょう。大都市の場合は、お互いに区別するために、象徴的な名前も必要とされているのです。

機能的なクラブ名

まず、機能的なクラブ名の古くからある要素としては、以下のようなものがあります：TV [Turnverein]（体操のクラブ）、TSV/Tus/TuSpo[Turn- und Sportverein]（体操とスポーツのクラブ）、STV [Sport-und Turnverein]（スポーツと体操のクラブ）、TSC [Turn-und Sportclub]

ラブはそう呼ばれていた）の首脳陣五人がフリンガー（デュッセルドルフ市の一角）をぶらついていた。話題となっていたのは、新しいクラブ名だった。どんな名前をつけたらいいんだ？　コンコルディア、ボルシア、ウニオン、アレマニア、――もうみんな使われてしまっている。その時、彼らの視線がパン工場の馬荷車に留まった。そこにはアーチ状の文字で『フォルトゥナ』と書かれていた。彼らはたちまち合意に達した。サッカークラブ・フォルトゥナ１９１１――これだ。」（ハーディ・グリューネ『ヨーロッパ・サッカークラブ百科辞典』一九九四年一四〇頁）

（体操のクラブ）、TSG [Turn- und Sportgemeinschaft]（体操とスポーツ共同体）、TuRu [Turn- und Rudersportverein]（体操と漕艇クラブ）、TuRa [Turn- und Radsportverein]（体操とサイクリングのクラブ）、MTV[Männer-Turnverein]（男性体操クラブ）、VfL [Verein für Leibesübungen]（体操のためのクラブ）。

ドイツの体操クラブの歴史は、十九世紀の最初の時期に遡ります。クラブの名前の中で、一番古い年数を持っているクラブは、TSV Friedland 1814ですが、これは、実際にはあり得ない年号だと思います。十九世紀中頃、特に一八四八年以後、沢山の体操クラブが創立されたのですが、その中ではブンデスリーガに属しているTSV München 1860が一番有名だと言えるでしょう。それぞれのクラブの伝統を示すために、TSV München 1860のように、創立の年数も加えるケースが沢山あります。ドイツの体操（トゥルネン）運動は、もともと国民主義の運動と深い関わりがありました。ところが、この中に、"VFL"という名前が二〇、三〇年代に人気がありました。Verein für Leibesübungenと言うのは、なんとなく堅いドイツ語であるようなイメージがあるのが、人気の理由かもしれません。例えば、一九三八年にTV Bochum 1848, TuS Bochum 08とGermania Bochum 08というクラブは統一され、現在でも存在するVfL Bochum 1848になりました。

例：Eimsbütteler TV, TSV Friedland 1814, TSV München 1860, TuSpo Ziegenhain, TuSpo Holzminden, STV Horst-Emscher Husaren, TSG Hoffenheim, TuRu Düsseldorf 1880, TuRa Bremen, MTV Ingoldstadt , MTV Soltau 1864

一番数が多い機能的な名前は、単に「スポーツクラブ」または「競技クラブ」を意味する名前でしょう。例えばSV [Sport-Verein または Spiel-Verein]（スポーツクラブまたはゲームのクラブ)、SpVgg [Sport-Vereinigung または Spielvereinigung](スポーツ連合または競技連合)、SC [Sport-Club](スポーツクラブ)、SK [Sport-Klub](スポーツクラブ)、B [Sport-Bund](スポーツ同盟)、RSV/Raspo[Rasensport-Verein](芝生スポーツのクラブ)、G [Sportsgemeinschaft](スポーツ共同体)があります。"SG" と言う名前は、組織がよく統一されたクラブの場合に使われています。

例:Hamburger SV, SpVgg Greuther Führt, SC Freiburg, Karlsruher SC, Lüneburger SK, SB Rosenheim, Raspo Elmshorn, SG Wacker/Alemania Berlin, SV Lichtenberg 1947

この最後の例のように戦後の創立の年号は、特に東ドイツのクラブにしばしば見られます。戦後の東ドイツで創立したクラブが自分の伝統を示そうとしているのです。

サッカーは、十九世紀の終わり頃にイギリスからドイツに入ってきました。最初の時期には、体操のクラブから激しい反発があって、サッカーは「イギリスの病気」とも言われたことがあります。でも、結局英語の用語がドイツ化されて、サッカーは、いつしか国民主義的なものに変化してきました。例えば、"Goal" は "Tor" になって、"Goalkeeper" は "Torwart" に変わりました。勿論、"Football" もドイツ語の "Fussball" に翻訳されました。

二十世紀に創立されたサッカークラブには次のような名前が多いです:FC [Fußball-Club](サッカークラブ)、1. FC [Erster Fußball-Club](第一のサッカークラブ)、FK [Fußball-Klub](サッカークラブ)、FV [Fußball-Verein](サッカークラブ)。

例:FC Schalke 04

このクラブ(FC Schalke 04)は、労働者が住んでいる郊外で二十世紀の初め頃に創立されたクラブの代表的なものでしょう。今でも、そのために人気が続いています。十九世紀の終わり、ドイツのサッカーは、市民階級のスポーツとして出発しましたが、二十年代には労働階級にも広がって、大衆的なスポーツになりました。ドイツでは、その時代からサッカーがずっと一番の人気を守ってきました。特にルール工業地帯で大変人気がでます。一九一九年以後、労働者のためにも日曜日は休日になって、サッカーをやったり見たりする時間ができました。FC Gütersloh 2000 の場合は、逆に新しさを強調する名前を選んだと言えるでしょう。この二〇〇〇年の前年に、FC Gütersloh は一度破産したのでした。

1. FC Köln と 1. FC Kaiserslautern のような 1. FC [Erster Fußball-Club]（第一サッカークラブ）は、戦後の西ドイツで合併または統一で作られたクラブですが、五〇年代、六〇年代のプロ・サッカーがだんだん発展した時代にも関わりがあります。ドイツのプロ・サッカーリーグ、ブンデスリーガは、他のヨーロッパの国と比べると随分遅れて、やっと一九六三年に始まりした。その時、Köln が、運営の面で、一番モダーンな、一番進んでいるクラブだと言われました。でも、戦前に創立した有名な例もあります。二〇年代に圧倒的な強さを誇って今まで九回ドイツのチャンピオンになった 1.FC Nürnberg というクラブです。

その他の名前の要素としては、BSV, BV [Ballsport-Verein]（ボールのスポーツクラブ）、VfB [Verein für Bewegungsspiele]（運動競技のためのクラブ）、VfR [Verein für Rasensport]（芝生のスポーツのためのクラブ）、SSV/SuS [Spiel- und Sportverein]（競技とスポーツのクラブ）があります。

例：BV 09 Borussia Dortmund, BSV Schwenningen, VfL Bochum, VfL Borussia Mönchengladbach, VfB Stuttgart, VfR Mannheim, SSV Hagen

BFC [Berliner Fußball-Club], BSC [Berliner Sport-Club], MSV [Meidericher SV] SVW [SV

Waldhof], KFC [Krefelder FC] のような都市の名前や郊外の名前と結ぶクラブも珍しくありません。

例：BFC Dynamo Berlin, Hertha BSC Berlin, MSV Duisburg 02, SVW Mannheim 07, KFC Uerdingen 05

象徴的なクラブ名

つぎは、広い意味で*象徴的な名前を紹介したいと思います。まず、東京ヴェルディのように、クラブのユニホームの色を、名前に加えて自分のアイデンティティを表すやり方は一番一般的だと言えるでしょう。

例：RW [Rot-Weiß]（赤白）、SW [Schwarz-Weiß]（黒白）、BW [Blau-Weiß]（青白）、GW[Grün-Weiß, Gelb-Weiß]（緑白、黄色白）、SR [Schwarz-Rot]（黒赤）、BG [Blau-Gelb]（青黄色）、Grun Gold（緑金色）

例：SW Essen, RW Essen

SW（黒白）Essen は、その大都市の裕福な南の郊外を代表していますが、逆に、RW（赤白）Essen は昔、都市の北の郊外に暮らした労働者層の伝統につながっています。その対立的な関係のために、力が分散されて、ルール工業地帯の一番人口が多い Essen 市には、Schalke や Dortmund のような強いクラブが発展しなかったのです。

例：RW Oberhausen, RW Erfurt, SW Cuxhaven, BW Papenburg, Gelb-Weiß Göritz, SR Neustadt/Dosse, BG Laupsdorf, Grün-Gold Güstrow

＊象徴的な名前▼「ドイツにおける最高のクラブ創立物語といえば、不実なるボルシア（ボルシア・ドルトムント）のことを話さねばならないだろう。［……］一九〇九年、カトリックの青年グループのメンバーたちは彼らの指導者である神父といつも対立していた。この神父がサッカーを禁じていたからだ。ついに、ある居酒屋での話し合いで、クラブを設立することが決まった。そこにはあの神父もいて、何人かの魂を救うことに成功した。そこにいた放蕩息子たちの半分は十字架のもとへと戻っていった。残り半分は十分に堕落していたので、この聖職

次は「宗教的な意味」のものですが、これらを理解するためには、ドイツの二〇年代に戻らなければなりません。第一次世界大戦にドイツが敗北した後、社会的な混乱の時期が続きました。一九一九年から三三年にかけて、DFBからいろいろなサッカー・リーグが分裂したり、独自のトーナメントを開催したりしました。その中には、カトリック組織、ユダヤ人組織、労働運動、とりわけ社会民主党に関係があるリーグが目立ちます。けれども、一九一九年に創立した"ATSB"（労働者の体操・スポーツ連盟）とその組織や、一九三〇年に分裂した共産党系の"Rorsport"（赤スポーツ）は、ヒトラーが政権を掌握した一九三三年に解散されます。一九二〇年に創立したカトリック関係のDJK [Deutsche Jugend-Kraft]（ドイツの青年の力）という組織も三五年には禁止されました。しかし戦後には、DJKという名を持つかなりの数のクラブが復活しています。現在も約一二〇〇のDJKスポーツクラブがあって、すべてアマチュアのリーグに属しています。名前の意味だけを見ると、カトリックの関係が直接に表面に出て来ませんね。「ドイツの青年の力」と言うのは、かえって、"DJK"が創立された一九二〇年に流行した強烈な国民主義のイメージを表すような気がします。"DJK"に続けられた名前には、独創的・想像的な言葉が目立ちます。

例：DJK Konstanz, DJK Markania Bochum, DJK Gütersloh [SV Arminia Gütersloh と合併。現FC Gütersloh 2000], DJK Roland Berlin, DJK Roland Rothenkirchen, DJK Franz-Sales-Haus Essen, DJK St. Winfried Essen-Kray, DJK Adler Oberhausen, DJK Arminia Lirich, DJK Fortuna Dilkrath, DJK Novesia Neuss, DJK Rheinkraft（ライン川の力）Neuss, DJK Eintracht Rüsselsheim, そしてDJK Sokol（チェコ語で「体操クラブ」）Ralbitz/Horka

最後のクラブ Ralbitz/Horka は、ドイツの唯一のスラヴ系のソルベニア人という小民族が

者に一発パンチを食らわせることができた。そして彼らは近所にあった『ボルシア醸造』にちなんで彼らのクラブを命名した。」(Mumm 2002)

「もうひとつ面白い例を上げるなら、ヘルタBSCだ。この名前は、ハヴェル川で創立メンバーたちが乗った遊覧船の名前だったと言われている。」(同)

住んでいる地方の、小さい町のチームです。ユダヤ人系のクラブは、戦後の西ドイツでは、八〇年代までにほとんど無くなりましたが、最近、TuS Makkabi の名前で復活した場合もあります。

例：TuS Makkabi Berlin, TuS Makkabi Frankfurt

次は、国民主義の名前について話します。大体、ラテン語を使って、十九世紀に流行したゲルマン民族主義を代表する名前が多いです。使われる言葉としては、Germania, Alemania, Arminia (Arminus = Herrmann), Teutonia, Cimbria, Normania, National, DSC (Deutscher Sport-Club)（ドイツのスポーツクラブ）、Deutsch（ドイツの）、Rheinwacht（ライン川を守る）、Westwacht（西を守る）乃ちフランスの敵に対してドイツを守る）、Nordwacht（北を守る）、Nibelungen（東ゲルマン民族のブルグントの伝説）、Lohengrin、その後、Clodwigh, Winfriedia と Siegfried もあります。

例：BFC Germania 88 Berlin（一八九一年にドイツの一番最初のサッカーのトーナメントで優勝）、Germania 94 Frankfurt, VfL Germania Leer, Germania Datteln, Germania Köthen, TSV Alemania Aachen, Alemania 06 Berlin, Teutonia Waltrop, Teutonia Riemke, Cimbria 1900 Berlin, Normania 08 Berlin, Normania Gmünd, National Auleben, DSC Wanne-Eickel, DSC Arminia Bielefeld, Deutsche Eiche（樫）Bardowik, Rheinwacht Stürzelberg, Westwacht Aachen, Nordwacht Keeken, Nibelungen Worms, VfB Lohengrin Kleve (SC Kleve 1863と合併した。今 1.FC Kleve 63/03), Winfriedia Mühlheim, Clodwigh Zülpich

次に、ドイツ語またはラテン語で書かれた地方主義の名前をあげます。まず、Preußen/Preussen/Borussia（プロシア）のとても多い名前について、触れたいと思います。

よく考えると随分不思議な名前です。一八七一年から一九三三年まで、プロシアはドイツのもっとも大きい州でした。でも、地方の文化という視点から見ると、プロシアというのは、今、ベルリンとブランデンブルク州の周辺に限られていると思います。例を見ると、Tennis-Borussia Berlin みたいなベルリンのクラブばかりではなくて、Preußen Münster, Preussen Köln, Borussia Wuppertal と Borussia Mönchengladbach のようなノルトライン＝ヴェストファーレン州のクラブの場合も多いです。プロシア的な名前は、地方主義と同時に国民主義を意味するからなのでしょう。一八七一年に創立されたドイツ帝国は、プロシア帝国から成長したからです。でも、それぞれの地方を代表する名前も多数あります。

例（北から南へ）：VfB Nordmark Flensburg, Holstein Kiel, Holsatia Elmshorn, Pommern Stralsund, Frisia Lindholm, Frisia Loga, Amisia Rheine, Niedersachsen Döhen, Brandenburg 03 Berlin, SC Westfalia 04 Herne, Rhenania Richterich, Rheingold Emmerich, Rheinland Dremmen, Erfa 09 Gymnich, Hessen Kassel, Hassia Bingen, Saar 05 Saarbrücken, Südwest Ludwigshafen, Bayern Hof, FC Bayern München, Bavaria Wörth, SC Bajuwaren München, Frankonia Thulba, VfB Kurpfalz Neckarau, Badenia St. Ilgen, Schwaben Augsburg

東ドイツのクラブを見てみましょう。その一九八九年以後に改名したクラブの場合は、地方色を代表する名前が人気が出ました。

例：Hansa（ハンザ同盟の）Rostock, FC Sachsen Leipzig, Saxonia Tangermünde, Magdeburger SV Börde, Thüringen Weida, Thuringia Königssee, Erbstromtal-FC Ruhla 08, Vogtland-FC Plauen, BSC [Bergstädtischer SC] Freiberg, FC Erzgebirge Aue, Schorfheide Joachimsthal, Mansfelder SV Eisleben

自分の都市の名前をラテン語にして、クラブの名前として使うケースもあります。

例：Kilia 02 Kiel, Berolina Berlin-Mitte, Berolina Stralau, Wormatia Worms, SSV Vimaria Weimar, Ostavia Osthofen, Budissa Bautzen

（最後のクラブの場合は、そのラテン語の名前がドイツ語の Bautzen ではなくて、小民族のソルベン人の名前、"Budysin" に基づいています。）

国家主義的、あるいは地方主義的な色彩の強いクラブ名とならんで、抽象的な概念や性質を意味するクラブ名や、動物や木の名を取ったクラブ名もあります。

例えば、勇気、早さ、攻撃を象徴する言葉。Wacker（勇敢な）、Vorwärts（前に進め）、Rapide/Rapid（素早い）、Sturm（嵐）などがあります。

例：Wacker 04 Berlin（今 SG Wacker/Alemania), Wacker Burgshausen, Wacker Nordhausen, Vorwärts/Wacker Billstedt 04, Vorwärts Nordhorn, Rapide Wedding, Rapid Chemitz-Kappel, Sturm Hauzenberg

連帯を意味する言葉。Eintracht（協調、団結）、Concordia（同じ）、Amicitia（親善）、Union（統一の連合）、Collegia などです。とりわけ、現代では古風に聞こえる Eintracht という言葉は結構人気があります。「俺たちゃ十一人の同朋さ」という男らしい団結の思想を表現しているように聞こえるからです。一方で、軍隊的な戦闘集団のイメージは、一個のプロ選手としての立場との絶えざる矛盾の中にあり、マスメディアにおいても「団結か、個人の利益か?」というような表現を生み出すことにつながっています。

例：SC Eintracht Frankfurt 1899, Eintracht Braunschweig, SV Eintracht 05 Trier, SC Concordia 03 Hamburg, VfB Concordia Britz, Amicitia Viernheim、1. FC Union Solingen, 1. FC Union Berlin,

Union 06 Berlin,（一九四五年以後、Union 06 Oberschöneweideという東ベルリンのクラブは何回も改名しましたが、西ベルリンに亡命した選手達がUnion 06 Berlinを作りました）、Union Nettetal, Collegia Jüdeck

動物の名前（早さ、強さ、技術の上手さ）。Füchse（狐）、Zebras（シマウマは、しまがあるユニホームの形を考えて造られた名前です）、Falke（鷹）、Sperber（ハイタカ）、Adler（鷲）、Schwalbe（ツバメ）、Condor（コンドル）などです。

例：Rheinickendorfer Füchse, Marzahner Füchse, Weseler Zebras, Falke Steinfeld, Sperber Hamburg, Adler Osterfeld, Schwalbe Tündern, SC Condor Hamburg

スポーツの伝統を代表する名前もあります。Olympia, Sparta, Hellas, Marathon, Sportfreunde（スポーツのファン）、Jahn。

例：Olympia Wilhelmshaven, OSC (Olympischer SC) Bremerhaven, Sparta Bilk, Sparta Langenhagen, FV Hellas Marpingen, NSC Marathon 02, Spfr. Siegen 1899, Spfr. Katernberg, Spfr. Hamborn 07, Spfr. Schwäbisch Hall, SSV Jahn Regensburg, Jahn Wilhelmsburg 1983

この中で、特にOlympiaは国民主義を越える国際的なスポーツ・精神を意味しています。ドイツではわりと少ないですが、すぐ隣の国、フランスのサッカー・クラブの場合は、例えば、マルセイユ、リヨン、ニースのように、Olympiqueという名前は、随分多いです。ドイツで割と多いのは、Jahnという名前で、ドイツの国民主義を意味するスポーツ・精神をしています。ドイツでは、「体操の父」としてよく知られているFriedrich Ludwig Jahn（一七七八～一八五二）は、一八一一年に最初の体操運動を始めた人物で、大変激しい国民主義者としても知られています。

次は、英語系の名前に触れたいと思います。スイスのYoung Boys Bern、アルゼンチンのBoca JuniorsとRiver Plate、フランスでも（本来共産主義との関係があった）Red Star Paris、オランダのGo Ahead Eagles Deventerなどの存在を考えると、ドイツの英語系の名前は非常に少ないと言えましょう。そんな中では、英語の"to kick"から出た、ドイツ語の"kicken"という外来語を使って"Kickers"（ボールを蹴る人）の名前があります。

例：FC Kickers Offenbach, Stuttgarter Kickers, Kickers 1900 Berlin

他の面白いケースもあります。ドイツのサッカーの最初の時期、Britanniaという名前があるクラブも創立されました。イギリス人みたいに綺麗なサッカーをやりたいという意味を表しました。「TuFC Britannia Berlin」は、第一次世界戦争の前に活躍して成功しましたが、一九一四年に強制的にBerliner SV 92に改名されてしまいました。今でも"Britannia"という名前を使っているクラブを、私はただ一つ見つけました。それはFC Britannia Solingenです。

一方、ラテンの神またはドイツの神の名前とそれらの象徴的な意味を使うクラブが珍しくありません。よく使われる名前は、Fortuna（幸運の神）、Viktoria/Victoria（勝利の神）、Phönix（火の鳥）ですが、Hertha（女性の名前、ネルテュスの神）、Helios（日の神）、Minerva, Herakles, Hammonia他も使われています。

例：Fortuna Düsseldorf 1895, SC Fortuna Köln, Fortuna Hopfgarten, BFC Viktoria 89, SC Victoria Hamburg, Viktoria Hühnerfeld, 1.FC Phönix Lübeck, Phönix Pfalzgrafenweiler, Hertha BSC Berlin, Hertha 03 Zehlendorf, Hertha Hilkerode, SpVgg Helios München, Minerva 93 Berlin, SV Herakles München, VfL Hammonia Hamburg

次は星（輝きを意味する）クラブの名前を上げたいと思います。Stern（星）、Komet/Comet

(彗星)、Merkur (水星)、Urania (天文をつかさどる神) などの言葉が入っています。

例:Steglitzer SC Stern 1900, ESV Südstern (南の星) Singen, Nordstern (北の星) Radolfzell, Güldenstern (金の星) Stade, SC Comet Kiel, VfB Komet Bremen, FC Merkur 07 Dortmund, SC Urania Lüdgendortmund, Roter (赤い) Stern Leipzig (このクラブは、パンク達と他の左翼的な若者によって作られたクラブらしいです)。

Komet/ Comet (彗星) という名前は、随分怪しいと思います。彗星は、いつか必ず落ちてきますからね。

珍しいものには、木の名前を持つクラブもあります。Tanne (モミ)、Fichte (ドイツトウヒ)、Eiche (樫)、Linde (シナノキ) 等。

例 Tanne Thalheim, VfB Fichte Bielefeld, Fichte Kunersdorf, Linde Schwandorf, SSV Lindenstadt Ludwigslust, Deutsche Eiche Bardowick, Eiche 05 Weisen

民族や地域に由来するクラブ名

ドイツでは、移民と小民族*のサッカークラブも随分多いと言ってもいいでしょう。最近、大きな話題として議論されたのは、なぜ、ドイツでは、フランスのように、移民の子孫の中から、すぐれた選手を育てて、ナショナルチームに取り入れることができないのか、ということでした。フランスが、世界チャンピオンとヨーロッパ・チャンピオンになったのは、この国の移民の子孫のお陰であると言っても過言ではないでしょう。ドイツのサッカーでも例えば、ポーランドの移民の選手達の役割は大きかったのです。現在、例えば、ドイ

*移民と小民族のサッカークラブ▼「コンスタンツ・トルコ・スポーツクラブ(TSV)のルーツは、FCヴォルマティンゲンにまで遡る。数名のトルコ人サッカー選手たちがFCヴォルマティンゲンの『三軍』として参加したのが始まりだった。

ツで育った、バイアー・レファークーゼンで活躍しているバストゥルクと言うトルコ系の選手は、ドイツではなくて、トルコのナショナルチームのメンバーです。

その事情を説明しようとしてみると、いろいろなポイントに触れていかなければなりません。フランスと比べて、比較的厳しい国籍に対する政治上の問題もあるし、ドイツ社会と、ひいてはドイツのサッカー・ファンの中にさえ珍しくない、残念な差別的な意識について触れなければならないですし、特に伝統に固執するトルコ人側の閉鎖的スポーツ社会の閉鎖性のポイントもあります。そしてまた、DFB側の努力も足りなかったことも無視することは出来ません。根本的な問題は、米国人やフランス人と違って、ドイツ人とトルコ人が「国民」という概念を「民族」と連想して、排除的な「国民意識」を持っている所にあるような気がします。ドイツにはトルコ系のサッカークラブは沢山あります。

例：Türkischer SV Konstanz, Türkspor（トルコのスポーツ）、Berlin, FC City Türkspor Frankfurt, BFC Türkiyemspor（私のトルコのスポーツ）、Türk Gücü（トルコの力）München（二〇〇一年にTürkischer SV Münchenに改名した）、Galatasaray（イスタンブールの郊外）Spandau, RSV Karadeniz（黒い海）Herne, Ayyildiz（星）/Phönix Berlin, Gözepe（町の名前）Berlin, KSF Umutspor（希望のスポーツ）Anadoluspor（アナトリア）Berlin, BSV Hürriyet（自由）Berlin, Vatan（故郷）Spor Bremen, Fatih（郊外）spor Pforzheim, SV Yesilyurt（緑の故郷）Berlin, Örnek（アイドル）Spor Hamburg

他の民族の例：Eintracht Italia Köln（イタリア人）、Club Italia Berlin, SD Croatia Berlin, Dansk GF Flensborg (=Flensburg、北ドイツに暮らしているデンマーク人)、Al Quds Berlin（アラブ人）、Olympiakos Berlin（ギリシア人）、Benfica Hamburg（ポルトガル人）、United African

［……］二年後、若いトルコ人たちは結集して新しいクラブを作った。TSVの創設であった。［……］TSVの最初の成功は八三年から八四年にかけてのシーズンだった。この年、クラブは初めて地域のAリーグに昇格、注目を集めた。しかし、大多数が大学生や専門学校生からなるこのクラブは、Aリーグには一年しかいられず、すぐにBリーグに戻されてしまった。その後じつに十年間にわたって、クラブは昇格を狙い続けたが、果たせなかった。これにはチーム自体の実力不足もあったが、すべてとは言わないまでも審判たちとの文化的な不一致によって明らかな不利益を蒙った場合もあった。［……］現在のTSVチームを見ると、こういった事情は肯定できる展開を見せている。相手チームや審判との距離が、好ましい形で近づいてきているのだ。

新世紀を迎えた今日、我々はほとんど夢にも思わなかった地域リーグ優勝を掴み取ろうとし

FC Düsseldorf（様々なアフリカの国の出身者）

一つの国民族の人々ではなくて、いろいろな外国人で作り上げたクラブは、大体"Internationale"という名前を使っています。例えばFC Internationale Berlin, KSC International Bremen。イタリアで有名な"Internationale FC 08 Milano"の創立の場合も、外国人の選手の役割が大かったです。

日本と違って、ドイツでは、会社の名前を使うのは、わりと珍しいです。やはり、ドイツのサッカー・クラブの基礎は、会社ではなくて、村か町か郊外地域と思われています。

会社名、職業名が使われている例：SV 04 Bayer Leverkusen, Bayer Dormagen, Bayer Wuppertal, Opel 06 Rüsselsheim, Ford Niehl, Renault Brühl, Eintracht Glas-Chemie Wirges, Post（郵便）/SüdRegensburg, BW Post Recklinghausen, Polizei（警察）、SV Union Neumünster, Gebäude-reiniger（掃除会社）Köln, DETAG Wernberg, DETAG Weiden, Romonta Stedten, ZLG Atzendorf, SG Handwerk（職人）Magdeburg, SC Hafen（港）Rostock, KSV Zrinski Waiblingen, Berliner Brauereien（ビール製造所）、SSG Humboldt（大学）Berlin, Jenapharm Jena, Eisenbahner（電車）TSV Güstrow, SV Röchling Völklingen

他の名前では、例えばGlückaufという炭坑労働者の挨拶を使ったクラブもあります。

例：Glückauf Wackersdorf, Glückauf Brieske-Senftenberg

社会性を帯びたクラブ名

一九九一年以後の、東ドイツのサッカー・クラブの名前とその変化が、特に示唆に富ん

ている。」（コンスタンツ・トルコ・スポーツクラブのホームページより。二〇〇二年一〇月一日の記事）

でいると思います。一九八九年以前、共産主義の東ドイツでは、ある決まった産業部門それぞれを代表する、政治的または、*産業主義的な意味を持つ名前が圧倒的に多かったです

例：Chemie（科学）、Lokomotive（機関車）、Dynamo（ダイナモ＝警察のクラブ）、Stahl（鉄工）、Energie（エネルギー＝炭坑）、Traktor（トラクター＝農業）、Carl-Zeiss, Turbine（タービン＝発電所）、Rotation（回転＝印刷）、Motor（エンジン＝金属加工）、Medizin（医学）

今でも存在する例：Chemie Guben, Lok Altmark Stendal（Altmarkは、Sachsen-Anhalt州の北部です）、ESV (Eisenbahner SV) Lok Zwickau, 1. FC Dynamo Dresden, Stahl EisenhUüctenstadt（この都市、鉄工の町として創立されました）、Stahl Finow, Traktor Priestewitz, Traktor Teichel, FC Carl-Zeiss Jena, Turbine Potsam, Rotation Dresden, Motor Altenburg, Motor Eberswalde, Medizin Bansin

政治的な概念を使う名前もありました。Aufbau（建設、再建＝建設），Einheit（統一、団結＝公的な行政）、Fortschritt（進歩＝織物工業），Empor（上に＝商売）。

現在にも残っている例 をあげれば：Aufbau Boizenburg, Aufbau Deutschbaselitz, VfB Einheit zu Pankow, Einheit Kamenz, Fortschritt Neustadt/Glewe, Empor Hohenschönhausen, Empor Klein-Wanzleben

一九八九以前でも政治的でも産業主義的でもない名前もありました。

1. FC Union Berlin（このクラブには、反社会主義のファンが多くて、よく差別されました），FC Hansa Rostock, Veritas Wittenberge, RW Erfurt

東ドイツの伝統を守るクラブがありますが、少数です。多数のクラブは、改名しました。そ

＊政治的または、……持つ名前
▼「"Lokomotiv"（機関車）という名がベルリンの壁の東側で好まれたのは、それほどミステリアスな理由があってのことではない。単に、社会主義的な技術と進歩への信仰に基づいたものである。」（Mumm 2002）

の中に、一九四五年以前の名前と伝統に戻ったケースもあるし、新しい名前を想像して新しいアイデンティティをつくったケースもあります。

一九四五年以前の名前に「戻った」クラブの例をあげましょう：

FSV Lokomotive Dresden から Dresdener SC 1898 に、Lokomotive Leipzig から VfB Leipzig に、Motor Weimar から SC Weimar 03 に、Motor Babelsberg から SV Babelsberg 03 に戻りました。

壁崩壊後、新たな名前をつけた例：

Wacker Halle（四五年以前）から Chemie Halle（四五年以後）そして Hallescher FC（現在）、SpVgg Leipzig-Lindenau 1899（四五年以前）から Chemie Leipzig（四五年以後）そして FC Sachsen Leipzig（現在）

一番面白いのは、一度改名したクラブが東ドイツ時代の名前に戻るケースでしょう。新しいアイデンティティを生み出せることが出来なかったから、古い東ドイツのアイデンティティが懐かしく感じたためだと考えられます。

例：Stahl Brandenburg（一度 Brandenburger SV に改名しました）、BFC Dynamo（FC Berlin ——このクラブは、国家公安省と秘密警察のクラブでしたが、Dynamo のファンが成功した時代を思い出して、本来の名前のために戦いました。今、経済的に非常に不安定な状況が続いています）、Stahl Riesa (Riesaer SV)

最後に、女性のサッカークラブの名前も忘れては行けません。普通、男性サッカークラブの名前とほぼ同じですが、例外もあります。

例：FFC, 1.FFC（女性サッカークラブ）,FC Heike Rheine（Heike は、女性の名前です。）

クラブ名はサッカーの歴史を表す

沢山のサッカー・クラブの名前をご紹介してきましたが、ここで、簡単にまとめてみたいと思います。多数のクラブがただ機能的な名前と創立の年を記しているのですが、象徴的な名前を持つクラブの場合、現在でも（九一年以後に改名した東ドイツのクラブも含めて）、ドイツ語と、人文主義的な教育を代表するラテン語が圧倒的に多いのに対して、英語、フランス語、イタリア語はほとんどありません。かえって、国民主義的、地方主義的なイメージの言葉を名前に持つクラブが多いようです。その他の象徴的な名前の意味には、「連帯」、「勝利」、「運が良い」、「勇気」、「輝く」、「飛び上がる」、「進歩」、「攻撃性」、「早さ」を表す言葉が多く見られます。それにひきかえ、国際的なイメージを持つ名前が非常に少ないです。ドイツのサッカーは、あくまでも、国民主義または地方主義に結ばれていると言うことができるでしょう。

ちょっとだけ、他のヨーロッパの国を見物してみましょう。まず、オーストリアの場合は、ドイツとあまりかわらないと言ってもいいでしょう。例をあげると、Rapid, Admira-Wacker, Austria（ラテン語でオーストリアの意味）, Vorwärts, Sturm, Tirol があります。

その点では、スイスのほうが面白いと思います。Grashoppers（蝗）、Young Boys, Servette Genova のような名前を見ると、フランス語はもちろん、英語も使われていることが分かります。サッカーが生まれた国イギリスの場合は、FC, United, Ciry, Town, Forrest, Villa のような機能的な名前、または都市を代表する名前が一番多いです。その他 Rovers（若い男達の

◀オプヒュルス=カシマ氏

団体、海賊、ボールゲームをやる人という意味のようです）、Wanderers（歩き回る人々）、Albions（イングランド人）もあります。スコットランドでは、ケルト系の名前を持つHibernian EdinburghやCeltic Glasgowのようなカトリック系のクラブと、英語を使っているプロテスタント系、例えば、Hearts of Midlothian (Edinburgh)やGlasgow Rangersのようなクラブと、はっきり別れています。フランスのケースに光りを当てると国際的なスポーツ精神を代表するOlympiqueが随分多いです。その他Girondinsのような地方主義の名前も多いようです。

最後に、サッカーの大国、イタリアについて話してみるとCalcioと言う不思議な名前が出て来ます。例えば、AC Milanoの"AC"というのは、「Calcioの結びつき」という意味を表します。Calcioはサッカーにあまり関係がない伝統的なゲームでしたが、イギリスからサッカーがイタリアに入って来た時、フランスのように英語のFootballばかりを使うのではなくて、このCalcioという言葉も使われたのでした。イタリアでは、サッカーはイギリスから輸入されたスポーツというイメージをいつしか変えて、イタリア国民の歴史に結びつけたのでしょう。

ヨーロッパに限らず、世界中のサッカークラブの名前はそれぞれに国のサッカーの歴史を表しています。国民主義、地域主義、国際主義、人文主義、社会主義、それに近代的機能主義などが反映されています。そんな中で、想像力豊かなJリーグのクラブの名前は、真にグローバルなスポーツとしてのサッカーの姿を見事に表現していると思います。なぜなら、Jリーグのクラブ名には、世界のサッカー大国やサッカーの盛んな都市の言語、スペイン語、イタリア語、英語、ポルトガル語、フランス語、ドイツ語、さらには日本語やラテン語、サンスクリット語から、サッカーに関する様々な言葉が取り上げられているからです。すなわち、ヨーロッパのクラブ名がさまざまな「近代（モダン）」のシンボルを含んでいるのに対し、日本のクラブ名は「グローバル」と「ローカル」の二元論的特徴を有しており、「ポストモダン的」と呼ぶこともできるかもしれません。

参考文献

Baroth, Dieter: *Als der Fußball laufen lernte – Tore, Thriumphe, Tollheiten.* Essen: Klartext, 1992.

Gehrmann, Siegfried: *Fussball Vereine Politik – Zur Sportgeschichte des Reviers 1900–1940.* Essen: Rainer Hobbing, 1988.

Grüune, Hardy 1994: *Enzyklopädie der europäischen Fussballvereine – Die Erstligamannschaften Europas seit 1885.* Kassel: Agon.

ders. 1996: *Enzyklopädie des deutschen Ligafussballs – Vom Kronprinzen bis zur Bundesliga.* Kassel: Agon.

Heinrich, Arthur: *Der deutsche Fußballbund – eine politische Geschichte.* Köln: PapyRossa, 2000.

Jetter, Helmut, Alffred Nitschke und Bernd Timmermann: *Magazin* (Mitglieder-Zeitschrift des Deutschen Sportclubs für Fußball-Statistiken). Selbstverlag, 1971 – 2001.

Mumm, Piet: “Prost Borussia”. In: *Freitag,* Nr. 2 (4. Januar 2002), S. 19.

Latussek, Karlheinz. (2002): "Umbennenung von DDR-Vereinen nach 1990". In: Magazin Zeitschrift des Deutschen Sportclubs für Fußballstatistiken, Nr.1/02 (15. Januar 2002), S.61:132.

宇都宮徹壱（二〇〇二年）『ディナモ・フットボールロシア・東欧とサッカー』みすず書房

［ディスカッション］

サッカーという文化

throw-in

最後のディスカッションは、フィールド上のプレーだけでなく、統括組織やファン、スタジアム、それにメディアといった、周辺の状況も含めての「サッカー文化」について語り合っていただきました。芝生の上でボールを蹴るのが、もちろんサッカーという遊戯の根本ですが、娯楽としてのサッカーはそれにとどまるものではありません。ごく大雑把に見ても、サッカーの愉楽は「する」と「見る」の二方面からなりたっています。さらに、「見る」には「(それについて)語る」あるいは「読む」という第三、第四の娯楽が結びついています。サッカーを楽しむとは、そういった多次元的な娯楽の複合体ですね。サッカーの「文化」を考える作業も、また多角的な視点を必要とするはずです。

統括組織やスタジアムを見ると、日本のサッカー文化は、佐山さんがおっしゃるように「国体」体質から脱しきれていない、と言えるかもしれません。日本のアマチュアスポーツは、国体を開催する県、優秀選手を多く抱える県連が、中央から補助金をあてがってもらって潤うという、あまりにも日本政治的な構図にずっと浸りきっています。サッカーのプロリーグが始まり、ワールドカップの共同開催が決まってからも、チームや試合、スタジアムを誘致して、巨大公共事業を通しての利益を求めるという図式は変わっていません。もちろん、「村おこし」としてのサッカーがいけないとも言い切れません。ただ、「ワールドカップ後のスタジアムの使い道がない」という話題に象徴されるように、「サッカーを楽しむ」という主題が後退しているとしたら、ここでも日本政治お得意(?)の悲しき本末転倒が起こっているということになるでしょう。マリーニョさんがぽつりとつぶやいた、「いいんだよ、スタジアムなんて、どんなんでもさあ」という言葉がまぶしく聞こえます。

メディアについての討論は、とりわけ興味深いものでした。日本社会の沈滞は政治と教育とマスメディアが招いたものだ、とはよく言われるところですが。スポーツマスコミには日本のメディアの弱点が凝縮されています。つまり、あまりに多くのプレス、書き手が「業界紙」としての立場を取らざるを得ない状態が続いているのです。欧米でスポーツ選手が記者会見を理由もなく拒否したり、メディアに不誠実な態度を取ると、社会人としての資質が疑われますが、日本ではスポーツ選手や協会役員は、マスコミよりも「一格上」の人間として振舞うことができます。偉大なるプレーヤーに対する尊敬とは別に、健全なる批判の不可能なメディアは、一般新聞の記者クラブ制にも似て、民主主義を決壊させる要因になりかねません。ブラジルと比べても、韓国と比べても、日本のサッカーメディアは圧倒的な情報量を提供しているようですが、この「取材対象との距離感」を健全に測定して、より透明でファンの楽しめるサッカー界に近づけていっていただきたいものです。（粂川）

司会　オプヒュルスさん、ありがとうございました。気が遠くなるほどのたくさんの名前を調べていただいて、たいへんな労作のお話をしていただきました。ちょっと、こちらへ。

少し質問したいのですが、ドイツのクラブチームの名前は、ナショナリズムあるいは地方主義の色合いが強くて、歴史や創立の年が入っているものが多くて、国際的な名前がほとんどないということですが、日本のＪリーグというものも地域に根付いた、地元の人が大切にしてくれるようなチームをたくさんつくりたい、だから、企業の名前は入れない、そういうことをＪリーグの理念として始まっているわけですが、ドイツのリーグの雰囲気に近いのでしょうか。

オプヒュルス　対照的なところが多いと思います。ファンの雰囲気は、私は鹿島アントラーズしか訪ねたことはありませんが、日本は祭りに近い。ドイツでは攻撃性が激しい。例えば相手のチームの悪口を言うし、暴力性が高いですね。名前のことですが、私は日本のサッカークラブの名前が好きです。例えば「コンサドーレ」、これは道産子という地方色と、「オーレ、オーレ」との組み合わせで、地方と国際的なサッカーを結んで、うまい名前の付け方だと思います。また例えば「ヴィッセル神戸」、ビクトリとヴッセル＝船、英語と地方名を組み合わせて、面白いと思います。ドイツはこうしたことはまったくないです。

司会　いまはなくなった「フリューゲルス」*というのがありましたが、「フリューゲル」はドイツ語で「羽」ですけど、「フリューゲル」の複数は「フリューゲルス」ではないわけです。「フリューゲルス」という言葉にはどのような気持ちがしましたか。

＊フリューゲルス▼一般の日本人にはどうでもいいことだろうが、フリューゲル（der Flügel）は複数も同形。試験で「s」を付けたら一点減点。

オプヒュルス　おかしいですね、ドイツ語わかりますけど。まだ調べていないんですが、これはわざとやったか、「フリューゲル」は英語に近いから英語系の複数形をつけたか、間違ったか、知りたいと思います。ただ、たぶん、英語を考えて、スムーズな名前を付けようと思って、そうしたかもしれません。ドイツ人としては不思議な感じがします。

司会　懐かしいですね、「フリューゲルス」。それでは、クラブ・文化のことまで視野に入れまして、皆さんで最後の、ファン、スタジアム、メディアを含めた議論に入らせていただきます。

日本のサッカー・ジャーナリズム、その黎明期

司会　それでは、最後のデスカッションに入らせていただきます。このコーナーではフィールド上に限らず、サッカーを取り巻くさまざまな環境について、話し合ってみたいと思います。さきほどマリーニョさんは日本は仕事の文化はすごいけれども、遊びまたはスポーツの文化はもう一つ納得がいかないということをお話していました。私たちも、もっと楽しめる生活をつくっていくために、なにかアイデアを発見できればいいなと思っています。では最初にメディアのお話から入っていきたいと思います。

伊東さん、サッカーの文化をつくっていくうえで、現代ではサッカーを報道するメディアの役割はたいへん大きいと思うのでありますが、サッカーというスポーツにたいして、メディア・報道機関はどのような位置付けにあるとお考えでしょうか。

伊東　いままで日本のサッカーは世界に立ち遅れていると言われてきましたが、どうした

ら日本のサッカーが強くなるんだろう、あるいはどうしたら日本のサッカー界全体が良くなるんだろうという考えにたって、さきほどもちょっと言いましたが、諸先輩方は海外に出て、それを報告するという形で報じてきました。乱暴に言えば、これが日本のサッカーにおけるメディアの出発点であったわけです。海外のサッカーはこういうふうになっているんだよというものを持ち帰ってきて、フィードバックする。そういう時期は長く続きました。

日本で初めてのプロサッカーリーグを作ろうよと言われ始めたのは一九八〇年代終わりから九〇年代にかけてですが、日本のサッカー・メディアの整理をしてみますと、Jリーグができるぞという雰囲気のなかで、海外からワールドカップで活躍した選手が何人も来るようになり、ある種お祭りムードになる。それにつれて、メディアの枠・裾野が急速に広がっていきました。どういうことかというと、サッカー雑誌の数が増えて、スポーツ新聞などの紙面でもサッカーに割かれるスペースが増えたということです。サッカー雑誌が増えるということは、どういうことかというと、それだけ、フリーあるいはフリー的な立場でやる方々が生まれ、そして潤い、稼いだお金を元手にさらに海外に出て行き、そこでまた新たな報告なり発見がなされるという時代に移ってきたと思います。諸先輩方の〝報告主義〟と言いますか、ある意味では啓蒙主義的な世代から、今度は若い世代がどんどん外に出て、それをメディアにフィードバックするようになってきました。これは、海外ではこうだ、日本ではこうだという、現状報告をふまえた比較論が中心になるわけです。

◀伊東氏

書き手のアプローチも多様化へ

伊東　Ｊリーグ発足と前後して、比較文化論的な書き手と、それと別れるかたちで、人物像へアプローチするライターがでてきました。これはノンフクションの手法としては一般的ですが、サッカー界にも増えてきました。なぜかと申しますと、雑誌自体の数が増え、世間の注目度もあがってくるので、三浦知良とはどういう選手なのか、ラモスとはどういう選手なのかを語るときに、実際にその選手と触れ合うことで、よくいえば素顔主義というますけど、素顔を知りたい人に提供していくライターが現れてくるわけです。例えば、金子くんあたりがそうでしょう。フリーのメディアが発達してきて、昔は四年に一回ワールドカップを取材に行っていたメディアが、だんだん、そのあいだにも海外に出るようになった。ワールドカップは民族性の表れであって、世界の最先端であるという報告主義のリポートはちょっと違うのではないかとなってきている。杉山茂樹さんというフリーの方がいらっしゃいますが、彼が報告しているのは、実はワールドカップは世界の最先端ではないと。もう四年周期で動いているのではない。一九七四年に、オランダがトータルフットボール*をやったのが有名ですけど、そのときそれが世界の最先端と言われましたが、いまの時代はとにかく急速に戦術が変化しています。ヨーロッパの国でやっていたクラブのリーグ戦が、チャンピオンズリーグというかたちで、国を越えた、国内リーグの拡大版として定着してきています。そうした場所で、いま実は新しい選手・戦術が生まれているという報告がされています。

いままで話されたことから、幹を乱暴に分けてみますと、Ｊリーグが生まれ、Ｊリーグ

＊トータルフットボール▼一九七四年ドイツ大会で、ヨハン・クライフを中心とするオランダ代表が披露したサッカー。オフサイド・トラップを頻繁に用い、中盤で相手選手に二、三人でプレッシャーをかけてボールを奪い、ポジションに関係なく攻撃に参加し、相手守備陣を混乱させて得点を奪った。七四年のオランダ代表はサッカーの未来を予言をしていたといえよう。

をきっちりと報じる人はどこにいるんだろうという問題にゆきあたるわけです。『サッカーマガジン』の先輩にあたる大住良之さんという方は日本サッカーをベースにしてJリーグのあり方を考えたり、ジャーナリストでありながら、Jリーグの広報委員を務めたり、日本サッカーをどうやったら良くできるのかということを、豊富な海外取材もありますが、それをフィードバックしながら、日本サッカーをベースにして活躍している人です。日本のサッカー・メディアには、いくつかある幹のなかで、Jリーグをしっかり見て、将来を考えようという人が抜け落ちているのかなという気がします。

ワールドカップが来年ありますが、四年にいっぺんのお祭りであり、こう言ってしまえばミもフタもありませんが、サーカスはすぐに行ってしまいます。この二〇〇二年のワールドカップのあとに果たして何が残っているのか。これはよく言われることです。メディアに関しても、いくつかの幹が整理されて、サッカーを本質的に捉えると言えば抽象的ですが、日本のサッカーを幹にして、物事を言える人々がサッカー・ジャーナリストと呼ばれるようになるのではないでしょうか。

九〇年代は、日本代表がワールドカップに行くために、メディアとして何ができるんだろうというような、ある意味ではサッカー界とパラレルな関係でメディアが成り立っていたと思います。ところがトルシエが来て、そのトルシエという人物をどう理解するかという地平も含めて、だんだん客観的な立場で物事を見るようになってきている。これはやはり九八年以降のことだと思います。それまでのメディアは応援する側であったのが、それ以降は自分たちを含め、ある程度冷静に物事を、応援というのではなくて、また批判というとちょっと難しい問題もあるのですが、あるていど冷静な目で客観視している状態にあると思います。

トルシエがキャプテンマークをつけたワケ

司会　いまトルシエ監督の名前が出ましたけれど、本来なら、トルシエ監督もこの会場に来てくださるとおっしゃっていたのですが、例のテロの影響で、さまざまなスケジュールがゴチャゴチャに崩れてしまったので、残念ながら、このたびはキャンセルということになりました。そのトルシエ監督の報道のされ方を見ますと、この人はメディアと仲がいいのか、悪いのか、わからないところがあるのですけれど、実際には、トルシエ監督とメディアとの関係はどんな状況なのでしょうか、伊東さん。

伊東　記者会見でからまれた佐山さんがここにいらっしゃるのですけれど……。日本代表の九〇年代最初の監督でハンス・オフトというオランダ人がいましたが、彼は日本での監督・コーチ経験が長いので、日本のメディアをどう利用するかをよく考えていて、ジャーナリストに親しい人を作って、悪く言えば情報操作をするような人でした。そのあとファルカンというブラジル人が代表監督になり、彼は期間的に短かったのですけど、そのあと加茂さん、岡田さん、そしてトルシエとくるわけです。メディア側のスタンスも対トルシエということで、〝対〟というのは対立しているみたいですが、影響しているようです。どうなんですか、佐山さん。

佐山　ちょっと話を前に戻しますけど、日本のサッカー文化なり環境なりということで、いまメディアの話をしているわけですが、聞いていらっしゃる方々の質問表が手元にまわってきて、さっき拝見したら、スタジアムのことをものすごく、後利用も含めて気にされてます。日本サッカー協会も一つの環境という枠組に入ると思うのですが、いまはメディアを中心に話をしているわけです。そしてメディアと代表監督の関係性について少し踏み込んでみたいと思います。ディテールを言うとキリがないので、フィリップ・トルシエ問題から入りますと、サッカー協会が彼の好戦的な態度によって問いただされているのだと思います。しかしメディアが彼によって問いただされているという感じは、ぼくはあまり持ちません。それ以前の問題です。法外な謝礼要求をしてくるとか、いきなり選手をひっぱたくとかの過剰な刺激注入に関して、メディアが書きづらいことはいずれ明らかになることです。むしろ、彼が、代理人を通じて売り込んできた、九八年夏時点の、サッカー協会のクオリティだとか、そういうところから話をしないと始まらないのだと思います。ここで、からまれたウンヌンのディテールを明らかにしましょう。

コルドバ遠征[*]というのがありました。代表がスペインと試合をする。記者会見が試合前日にあって、彼はたいへんナーバスな状態だった。先にスペインの監督の記者会見があって、スペイン代表の中心選手二人を列席させて、予定調和的な記者会見が行われました。そして、最後は日本代表のトルシエの番。通訳はフローラン・ダバディという語学の天才みたいな人ですが――私のうちに一度ご招待してクスクスを食べて、ぼくとフローランは著書の交換などをする、良好な関係にありますが――ひととおり記者会見が終わり、なにか物足りないので、ちょっと私が手を挙げまして、もうそろそろ、スペインのようにとは言わないが、日本のキャプテンを決めて同席させる時期に来ているのではないかというニュアンスをこめて、あなた一人が演説するのではなくて、選手も一人二人一緒に座らせ

＊コルドバ遠征▼二〇〇一年四月二五日の日本対スペインのゲーム。一ヵ月前の対フランス戦大敗の反省から、守備を固める戦術を取り、終了直前までスペイン代表を〇点に抑えたが、パスミスから失点し、〇対一で敗れた。

てみたらいかがでしょうかといった瞬間、プッツンされまして、あなたにとってのキャプテンとはなんなのかと、一部のフランス人が世界中の人間に嫌われるときの典型的パターンでゴチャゴチャ始まったわけです。私は「なんでおれがここで、インタビュー取材に三〇万だ四〇万だと要求してくる、ノブレスオブリージュのカケラもない人間に問い詰められる必要があるのか」と、そこで「キャプテンの定義は……」とやって相手をしてやればよかったんでしょうけども、そんなサロン談義にスペインのメディアを付き合わせるのもみっともない、ま、それは、問題提起ということでまたあとでやりましょうということにしました。とにかく、何を興奮しているのかこの人は、と思いました。そのあと、帰国しまして、『サッカーマガジン』がスペイン戦でのトルシエ采配に対する採点をかなり低くつけました。五・〇だったかな。ぼくは五・五の方がいいかなと思ったんですが。

そしてコンフェデレーションズ・カップがはじまり、新潟――さきほど新潟のスタジアムがひどかったというお話がありましたけど、私も同感で、試合の終ったあと、ぜんぜん違う方にどんどん歩いて行って、駅からどんどんはずれて三十分歩いてはじめて気がついたということがありました。それはいいとして、前日の記者会見で、なんと、フローラン・ダバディとトルシエが、キャプテンマークを二人でつけて現れたんですよ。――会場、笑い――そのときの模様はテレビでも映し出されたんでしょうが、なんかこう、色々悩ましそうなポーズをとったり……、簡単にいえばそれだけの、うんざりするような話なんですけどね。

司会　ありがとうございます。トルシエ監督が来られなかったのが、ますます残念なような――会場、笑い――ちょっと、ほっとするような話でした。スタジアムのことですとか、腐ったオレンジとも言われた日本サッカーの指導層の話はもう少しあとにさせていただきたいと思います。康さんにも、韓国のメディアについて聞きたいと思います。さきほどの話で、新聞の最初が野球で、その次はへたするとバスケットボールで、そして次にサッカーがくる、サッカーは読むものではないというお話がありました。『サッカーマガジン』のようなサッカーの専門雑誌が韓国ではあるのでしょうか。

批評性に欠ける韓国の報道

康　私もフリーライターとして二十年ぐらいやってきましたけど、日本はライターの仕事があるんです、いろんな意味で。ところが韓国は、フリーライターはいないんですよ。韓国では、サッカーの専門雑誌はありますが、基本的にみんな編集部で書いています。新聞は新聞記者がいますので、フリーのライターが書く機会がありません。基本的に新聞の書くことが韓国サッカーを伝える唯一の手段になりますが、この新聞がつまらない。本当につまらないんですよ。試合する前から書いているんじゃないかというくらい、前文がやたら長いんですよ。今回の試合の意義がどうだとか、この試合の興味はこうである、とか書いておいて、後半のほんの一部でこの試合はこうだったと最後にあるだけです。それくらい韓国の新聞は……いないですよね関係者は——会場、笑い——つまらないんですよ。

このまえちょっと、韓国の記者に原稿をたのんだんですけど、その論調が、今回のワールドカップで韓国が決勝トーナメントに進出できなければ、ワールドカップの共同開催は失敗だという論調なんですよ。そんなの無理ですよね、決勝トーナメントなんて。いままで五回出て、一回も勝っていないんですよ。まず一勝が先決だろう。それから、こんなにみんながボランティアで一生懸命やっているのに、決勝トーナメントに出なかったら失敗だったたって言われた日にゃ、ボランティアだって怒りますよ。つまり韓国の新聞の論調は、十六強、十六強、決勝トーナメント進出、これ一本にかたまっています。それはフリーライターがいないから、多角的にサッカーを取材し、なおかつ分析する記事がないんですよ。韓国の記者のスタイルというのは、選手に密着して、選手の携帯電話の番号をきいて、選手に今日なに食った、こういうことを訊くことがメインになってしまったんですね。つまり選手と距離をおかない。むしろその選手にピッタリとくっついて、その選手の情報を得ることで新聞記事をつくる。日本にもそういうライターがいっぱいいますけど、韓国は完全にそればっかりです。つまり分析がない。批評がない。

これは韓国のマスコミの悪い癖で、新聞記者はすごい特権階級なので、選手にたいして高飛車な取材をしますし、あまりにも密着し過ぎて分析しないので、韓国のメディアは日本に比べたら、多面性もないですね、日本があるというわけではないですが、日本に比べたら貧しいかぎりであります。それからテレビも、日韓戦といいますと、みなさん、えっ、視聴率七〇パーセントと驚きますでしょう。韓国は、三大ネットワークがあるのですが、それがみな日韓戦をやるんですよ。だから他に見るものがないんです。——会場、笑い——七〇パーセントというのは、あとの三〇パーセントがテレビを見ていないだけなの。それくらい日韓戦は注目されますが、逆に言ったら、テレビも日韓戦だけを放映していればよいところがあって、それはちょっと危険だなという気がします。

雑誌も少ないですし、新聞の論調も偏っていますし、もっと、もっと、フリーライターが出てきて、いろいろと多角的に書けばいいと思いますが、まだそういう状況にはないですね。

司会 ありがとうございました。たいへん面白いお話ですね。マリーニョさん、ブラジルにはやはりシャープなサッカー評論家はいるのでしょうか。

万人批評家のブラジル、ネガティブな記事が多いドイツ

マリーニョ ブラジルも、日本みたいに、スポーツ新聞とかサッカー新聞は多くはありません。だけど、みんなが監督と思っているんですかね、代表の話になると、必ずといっていいくらいに、このチームはだめ、オレだったらこうする、あの選手の使い方はこうだよとなる。自分たちのサッカーの考え方をもっていますから、マスコミはたいへんです。どう書いても批判されるから。ですから、もう、どうでもいいじゃないのということになってしまいます。新聞記者たちも自分たちの意見を出して。だた、日本との違いは、試合の分析が細かいし、新聞でもその記者の意見を出せます、はっきり。このチームは今日はだめです、この選手はだめだとか、はっきり言えるんですよね。ぼくは一時ブラジルへ帰っていましたが、女房のお父さんが好きで、日本のスポーツ新聞の切り抜きを全部送ってくれるんですよ、ありがたい話でね。だけどみんな一緒だな、言っていることが。試合は何時に始まったか、こうなって、結果はこうで、何分でこの選手は点を取って……それで終わり。意見もなにもないですよね。それが大きな違い。向こうは個人の意見をはっきり出せます。みんな慣れています、読む人が。またバカなことを言っているな、こいつはと。

その解説者を好きな人もいれば、嫌いな人もいるし。みんなたいへんだと思いますよ。サッカーをよくしようと思っている人が多いですから。日本の場合はまだ甘いかもしれませんね。批判される方も少ないと思いますね。いつかそうなればいいですね、佐山さんと伊東さん。――会場、笑い――たいへんかもしれませんが、そうなると面白いかもしれませんね。

司会　ありがとうございます。オプヒュルスさん、ドイツには、『キッカー』とか、たくさんサッカーの雑誌がありますね。

オプヒュルス　主に二つの雑誌があります。週刊雑誌『キッカー』の場合は専門的といえば言いすぎですが、まともなサッカーの雑誌です。一番大きな影響があるのは大衆新聞。『ビルト』という新聞ですが――

司会　『夕刊フジ』みたいなものですよね。

オプヒュルス　そうです、これは大衆的に言葉が少なくて、絵が多くて、そしてサッカーを大切にする新聞です。

『ビルト』は一つ一つのクラブのチームに専門の記者をつけています。バイエルン・ミュンヘンは二人かもしれませんが、一人の記者は一つのクラブだけをレポートします。だいたいはブラジルと同じだと思いますが、ドイツは批判が好きですから、ポジティブよりネガティブ・否定的な記事が多いかもしれません。ほとんどブラジルと似ていると思います。

スタイリストのポルトガル人

司会　ありがとうございます。市之瀬さんも、ポルトガルのサッカー記事をいつも読んでいらっしゃいますよね。

市之瀬　先日、リスボンに行く前に、友人からポルトガルにサッカー雑誌があるだろうから、お土産に買ってきてくれと言われましたが、実は、ありませんと答えざるをえませんでした。実はありません、定期的に出ているものは。以前ぼくが住んでいたときに、八〇年代後半ですけど、そのときは月刊で『フット』というタイトルをもった雑誌がでていて、これは五年間ぐらい続いていたんだろうと思います。さっき野村さんが競技者自身が書くのは稀だというお話をされたと思いますけど、この雑誌の編集長は実は現役のサッカープレーヤーだったんです。ノルトン・デ・マトスという日本ではぜんぜん知られていませんけど、ポルトガルではわりと有名で、リスボンのベレネンセス、さっきちょっと話題にしましたけど、そこでプレーをしていた方で、一時期、ベルギーのチームでもプレーしていました。ポルトガルではわりと有名な人でしたが、現役プレーヤーが編集長ということで、ちょっと話題になった雑誌がかつては存在しました。だけども今はないと思います。

新聞は『ボーラ』、ボールという意味ですけれど、それがだいたい一九五〇年代ぐらいから、ベンフィカの人気とともに平行しながら部数を伸ばしてきました。今も存在しています。これは日刊のスポーツ新聞ではなく、週に三回しか出ません。ただ、かなり詳しく記事を書きますし、文章自体の質もかなり高い。サッカーだから、軽く、読みやすい、短い文章、という感じではなく、フランスのジャック・ティベール*ということではないと思い

＊ジャック・ティベール▼フランスのサッカー・ジャーナリスト。独特の詩的な文体で読者を魅了する。現在『サッカーマガジン』誌に連載を持つ。

ますけれど、わりと文学的な文章をいまだに使い続けるところが、一つポルトガルのメディアの特徴なのかなという気がいたします。

あとは経済的な理由だと思いますが、テレビですと、ぼくが住んでいたころだと、クラブチームの試合のテレビ放送というのはまずほとんどなくて、ベンフィカとFCポルトが試合をするとすれば、チケットが全部売れた段階で、クラブがテレビ放映権を局に譲り渡して、テレビで映すというようなことを以前はやっておりました。さすがに最近は、いろんなところで、ほかにも新しい民間放送ができたということもあり、こんな試合を映さなくても、というようなゲームまでわりと見られるように変わってきています。それは、やはり経済発展のおかげなのでしょう、ポルトガルもだいぶ豊かになっておりまして、かつては国営放送局が二つしかなかったけど、いまは民間放送局も二つありますし、スポーツ専門チャンネルもできています。ただ、問題はそのスポーツ専門チャンネルにかなりお金を出しているのが、現在の代表監督のオリベイラ監督とそのお兄さんが二人でやっている会社だということです。彼らの会社が有力クラブチームにもかなり――いま株式会社化されていますので――お金を出している。それでいいんだろうか、というようなことが最近ちょっと話題になったりもしています。

オプヒュルス　さっき、言い忘れたことがあります。ドイツで大騒ぎになったこと、たいへん社会的な政治問題になったことなのですが、テレビのサッカー専門番組の放映時間帯についてです。ドイツ人は保守的で自分の習慣に固執する性格であることを示すエピソードなんですが。むかしは国営テレビでいつも六時ぐらい、六時から七時までサッカーを見ることができました。十年前かな、それが民間のテレビに移りました。いまほとんど放送権利を所有しているレオ・キルヒという人が自分のテレビ局で、そこでサッカーを八時から放送すると。これが新聞でも大騒ぎになって、結局、レオ・キルヒは負けて、七時に戻りました。これはドイツ社会の特徴であるかなという気がします。

日韓スタジアム比較

司会　ありがとうございます。会場のなかにも心配している人がたくさんいるかもしれませんが、スタジアムの問題についてお話していただきたいと思います。康さんは、このワールドカップの済州島での競技の名誉広報委員ということで、スタジアムに詳しいと思います。韓国のスタジアムはなかなかすばらしいとうかがっておりますが、そのことについて教えていただけませんでしょうか。

康　十会場のなかで七つが専門競技場ですから、ピッチとスタンドが非常に近くて、それから韓国は、地震がないので、スタンドの傾斜も急にできます。すばらしいですね。世界超一流のワールドカップを観るなら、日本よりぜったい韓国です。横浜国際総合競技場で決勝をやって、いったいどうするのというぐらい、韓国の競技場はいいです。ただ、かなり突貫工事でやっていますんで、ワールドカップが終るまでは残っているでしょうが、そのあとはわかりませんよ。橋とかデパートが平気で落っこちる国ですから。なんたって突貫工事ですからね。とにかく競技場に関して言いますと、専門競技場が多いということと、観覧席が非常に見やすいかたちになっていること、それからもう一つ、競技場周辺に、金のないサッカーファンのためにテント村をつくるとか、競技場を中心に街づくりをしているところが多いんですよ。ソウルなんか、すばらしいですね。首都でやるということで、競技場のまわりに、公園とか、テント村、先端技術の会社などをつくりました。もともとはゴミの捨て場だったんですが、漢江《ハンガン》の川岸に、すばらしい環境を――つまり競技場もすばらしいですが、その周辺もすばらしいものを――つくっていまして、正直言って、スタジアムにかんしては、日韓では、ちょっと比較にならないという感じがします。

司会　ちょっと心細くなってきましたが、伊東編集長はいかがですか、日本のスタジアムについてどんなお考えをおもちですか。

伊東　さいたまスタジアム*には行ってませんので、他のスタジアムをだいたい見て回って感じたのは、いま康さんがおっしゃいましたけど、観客にとっての見やすさがまったく度外視されていることです。佐山さんは横浜国際ができたときからさかんにお書きになってますが、傾斜の問題は公園緑地法などの規制にひっかかってくるらしいですね。とにかく、横浜の見にくさは犯罪的です。佐山さんのように、緩やか過ぎてころぶという不思議な現象が起きているぐらいですよね――。

佐山　それについては『週刊文春』二〇〇一年正月合併号に書きました。ユーモアをいれるのももったいなく、半ば罵倒するように。だけど同時にこれはメディアの責任だとも思うんです。設計段階からチェックしていませんから。天に唾することだとも書いておきました。その反省もあって、ｔｏｔｏに関しては真剣に取り組んだつもりです。Ｊリーグ立ち上げの記者会見のときから、誰もサッカーくじに興味を示さないんです。みんながゾロゾロ帰るなかで、最後にサッカーくじ・トトカルチョをやるつもりはないのかと質問をしました。そのときの対応は、元英国大使の誰それにその件を訊ねたら、とんでもない、そ

＊さいたまスタジアム▼建物は立派なのだが、二〇〇一年一一月の日本―イタリア戦の際にいたるところで芝がはがれてしまった。「本番」までに根付かせることが緊急の課題として浮上している。

んなものやっちゃイカンと言われましたで終りました。ｔｏｔｏに関しては、予想記事を書きながら、色々チェックはし続けております。しかし競技場環境については、あまり声高に批判できないと思います。軽率さの見張り番であるべき私たちが、まったくチェックをしなかったわけですから。これはスポーツ・メディアの取り返しのつかない汚点だと思っています。

夢のあとに残るのは

伊東　これだけ立派で見にくいスタジアムを全国にいっぱい作ってしまって、ワールドカップのあとにどうするのか、これは大きな問題だと思います。

佐山　釜本邦茂元参議院議員が結婚式にどうかといっています。――会場、笑い――悪くないなと思いますよ。新郎新婦がセンターサークルでボール蹴って、それからＶＩＰ席に上がってきてというのも。閑古鳥が鳴いて寂しすぎることさえ気にならなければの話ですが。

伊東　いまさかんに週刊誌で、テーマパーク夢の跡というような特集が組まれていますけど、そうならないように祈るしかないですね。あれだけの大きな物を作るという発想があるなら、子どもたちが生活の一部としてサッカーができる場を提供、あるいは共有していくことを考えるべきだと思います。

佐山　合意形成を求めながら、議論し報告していく粘り強さを欠きがちだから、みんな、言ったら言いっぱなし、書いたら書きっぱなし。それではだめですよね。

司会　では、ここでまた、会場のみなさんから、ご意見ご質問がありましたら、お願いします。

発言者E　康さんにうかがいたいのですが、日本の場合もいまつくったスタジアムが先々、使えるかどうかよくわからない状態になっていますが、韓国は十のうち七つをサッカー専門につくってしまって、そのあと韓国サッカー界がそれを有効に利用できるという見通しがあるのでしょうか。

康　まったくありません。——会場、笑い——韓国ではそのあとのことを考える必要がないのです。国家の威信をかけてワールドカップを開いているのですから。韓国は本来十都市でやる必要がないのに、日本が十ヵ所だから韓国も意地で十ヵ所にしました。本来、人口は日本の三分の一ですよ。私の故郷である済州島の西帰浦市は人口八万五〇〇〇人です。済州島全体でも約五十五万人です。なにも無理して誘致する必要はありません。韓国が十都市なのは日本が十都市だから、絶対十都市でなければならないのです。まずそれがはじめにありきです。それで無理につくってしまったわけです。つくったあとはたいへんです。でも、それは考えないようにしているんです。——会場、笑い——考えたら夜も眠れないから。いろんな運動はやっています。椅子に自分の名前を入れる。十万ウォンですから一万円。一万円であなたの名前を入れますよという運動をやっています。これまで二万人ぐらい集まったといいます。それなりの資金にはなるでしょうけども……。

　大会が終ったあとの運営や、その他のいろんな問題に関しては、基本的にどの都市も計画書をつくっていますけども、実現性のないものばかりです。たいへんなことになってきますね、日本以上に。

Kリーグは十チームしかないのですが、開催地でKリーグもないところがいっぱいあります。終ったら何に使うのでしょうか。なんにも使えませんよ。それを考えないのは韓国式なのです。というふうに理解してくだされば……。

発言者E　ありがとうございました。もう一つうかがってよろしいでしょうか。ワールドカップが招致されてから、リアルタイムで情報を追わなかったのでわからないのですが、そもそもどうして日本では十都市なのでしょうか。

伊東　日本でも十都市は多い気がします。たぶん、地方出身の代議士さんだとか政治家だとかが綱引きをやった結果ではないでしょうか——会場、笑い——。

康　当初は十五ヵ所ありました。もし日本の単独開催であれば十五都市だったと思います。ところが共催になりまして、試合数を計算したら、一会場につき最低三試合やらないと格好がつかないと言いますか、採算がとれないと言いますか、そういうことで最高十都市ということになりました。分散になり試合数が三十二となり、日本側はＦＩＦＡに試合数の増加をかなり要求しましたけども、却下されましたので、その結果、立候補していた十五都市の中の五都市が落ちたわけです。

日本のスポーツ文化——国体体質

発言者F　先週、静岡に初めて、鹿島アントラーズ対ジュビロ磐田の試合を観にいきましたが、それを観て非常に希望的に思えたことは、サッカーを通していろんな年配の方とか、女性・男性が、コミュニティを形成していたのが羨ましく思えました。逆に、絶望的に思えのは、なんのためにあんなスタジアムを建てたのかなということです。Ｊリーグの理念に反しているのではないかと感じました。Ｊリーグの理念とは、みんなのために開かれたスポーツであると思ったのですが、実際はスポーツエリートのためのスポーツになっているのでは、と思えました。このことにたいして、答えていただけないでしょうか。どなたでもけっこうです。

司会　伊東さん、お願いできますでしょうか。

伊東　さきほどのスタジアムのあと利用の問題にかかわってくると思いますが……、いまおっしゃったのは、大きさのことでしょうか。

発言者F　大きさだけではなく、日常性がまったくないということです。駅のまわりには何もなくて、磐田市からも離れていまして、なんのために、あんな所に建てたのかというのは疑問です。利用しにくい環境だなと思います。

伊東　小笠山のエコパスタジアムのことですよね。あそこには何もないですね。Ｊリーグの理念として百年構想という壮大なプランを立てて、地域社会をサッカー界が引っ張っていこうという宣言を高らかにだしました。九六年です。地域の人々がスポーツを楽しめる、小規模なイベントを見られる、そういう理念とまったく別なものになっていることはぼくも感じます。少し話がそれますが、鹿島アントラーズに取材に行ったときに、いままで一万五〇〇〇人収容だったスタジアムを今年四万人収容に拡大しました。そのとたんに券が売れなくなっているということです。先日セレッソ大阪との試合のときに、雨の影響もありましたが、アントラーズ史上最低の観客動員数六〇〇〇人でした。これはたぶん、二〇〇二年以後のことを予見しています。いままで一万五〇〇〇人のスケールでやっていて、チケットがとれないという飢餓感があった。ところが収容数を拡大すると、ファンはいつでもとれるのではないかと思う。適正なものを建てたのかということについて、非常に疑問に感じます。アルビレックス新潟では二万人入るようになっていますけど、それでもやっぱりガラガラに見えます。果たしてあんなものを建てていいのかという商業的な見地が一つあり、さきほどの方が質問されたように、山の方にあって地域から遊離していて、これはいったい何のためにあるのだろうかという感覚を周辺住民に与えています。これはアクセスの問題ではなく、地域との一体感の問題だと思います。このことがあまり考えられていない。どうですか、佐山さん。

佐山　この問題のキーワードは国民体育大会なんです。必ず国体用だからという、一種の逃げ道があるわけです。メディアは東京に集中していますから。国体が他の県なり地方が、どういう意味をもっているかが非常にわかりづらい。国体とはいったい何なのか、巨大な入れ物をつくったときに、国体で使うからと言われます。タクシー運転手に、あんなでかいモノをつくってどうするのかと訊くたびに、「国体に使うんでしょう」と必ず言うわけです。いま指摘されたことは正しいと思いますが、はやりの言葉で申し訳ありませんが構造改革、スポーツの構造改革を一から始めないとだめだと思います。トルシエに対して批判的なのもスポーツの地位向上と直結していないことが多すぎるからで、私憤のようなものではないんです。

伊東　佐山さん、このあいだ、サウスハンプトン*に日本代表の取材に行ったとき、こじんまりとして、それこそ適正なスタジアムという感じがしましたね。サポーターズクラブの会員の誕生会がスタジアムでありましたが、「だれだれちゃん誕生日おめでとう、誕生会会

*サウスハンプトン▼二〇〇一年一〇月八日、サウスハンプトンで行われた日本―ナイジェリア戦は二対二のドロー。

場」というようなことが書いてあるわけです。市民・地域住民が自分たちのものだと思えるようなものを、質問された方はおっしゃったと思います。やはりこのあいだ強く感じました。

二十一世紀の展望

司会 許された時間が少なくなってきましたので、最後に、このワールドカップを機会に、どのような新しい流れをこのサッカー界・スポーツ界に起こしうるのか、という明るい話題でしめくくりたいと思います。なにしろＪリーグが生まれたときに、私たちは新しい流れを期待しましたが、まだまだ国体体質といいますか、古い体質が残っているような気がします。これからどのような流れを生み出しうるのかということを、日韓交流も含めまして、お話をうかがいたいと思います。

康 今回私が一番うれしいのは、中国の出場です。うれしいですね、本当に。やっぱり日韓中が二十一世紀最初のワールドカップで一応揃う。とくに韓国は中国の出場をかなり大きく報道しています。これからは東アジアのサッカーは、日中韓の関係、これをもっともっと密度を濃くしていく必要があります。日中韓の選手であれば外国人枠もとっぱらって、一緒にどんどんやればいいいですよ。これだけでかい競技場を日本でも韓国でもつくってしまい、客が入らなければどうしようもありませんから。だから日中韓でやって、ＪリーグとＫリーグのチャンピオン同士が戦うとか、いろんな制限をとっぱらって、東アジアのサッカー圏として一つの大きなサッカー文化を確立できれば、二十一世紀の東アジアの未来は明るいですよ。サッカーにとどまらず、日中韓の交流はこれから絶対に欠かせませんから、これからは日韓だけでなく、日中韓でサッカー文化が活性することを願うばかりです。

伊東　康さんがおっしゃったことに補足しますと、いま、東アジアサッカー連盟という組織が、アジアサッカー連盟とは別に設立されようとしています。うまくゆけばクラブレベルだけでなく、代表レベルでも、人的交流が活発になってくると思います。その意味で康さんがおっしゃったように、この三つの国が出場できるのはすばらしいことだと思います。それに関連しますが、ワールドカップとは、あくまでもお祭りですから、過ぎ去ってしまう。そうして残った日本サッカー界は、ぼくはまだきちんとしたリーグ戦をもっていないと思っています。今のＪ１のシステムでは、前期と後期に分かれたファーストステージ・セカンドステージを戦って、その優勝チームが優勝決定戦を行う。三拍子と言われてます。このスタイルは九三年の発足当時から続いていますが、引き分けがないことも含めて、競技面などでいくつか弊害が指摘されています。われわれの見る感覚からしても、サッカーは文化と言われますけど、文化は生活であって、春から始まったリーグ戦が秋に終る、あるいはその逆でもいいですが、一定の周期でリーグ戦が行なわれ、そこできっちりと勝ち点を積み上げてゆく戦い方は、ワールドカップのお祭り的なトーナメント戦とはまったく違うものであることを認識しなければならないと思います。長いリーグ戦を勝ち抜くということから、勝ち点一、得点一というものが非常に尊重され、その最後の結果を受け止めるサポーターも耐久という感覚をおぼえるであろうし、選手も粘り、あきらめず、立ち直ることをおぼえる。よく佐山さんと言うんですけど、モチベーションという言葉はプロの選手に使ってはいけないのではと思っています。やる気があるのはあたりまえだからです。このモチベーションがいらないリーグ戦・シーズン・サッカー界が二〇〇二年のあとどうなるか、われわれメディアも見守らなければなりません。長いシーズンを勝ち抜いた唯一のチームが最強のチームであるという、きっちりとしたリーグ戦をまずもつことだと思います。そのチームが韓国のチャンピオンとやってもいいし、中国を含めた三ヵ国の決定戦をやってもいい。それが東アジアのチャンピオンリーグに広がっていくかもしれない。そういう意味ではワールドカップはあくまでも通過点に過ぎないと思います。

佐山　康さんの話にいつも盛大な拍手があって、私や伊東くんの話にほとんど拍手がないことでもわかるように、どうも、日本の話はウケないみたいですね。市之瀬さんのポルトガルの話もとても新鮮だし、マリーニョのブラジルの話も、カシマさんのドイツの話も新鮮だけど、内側の話はなんか面白くないんだよな。これはいったいなぜか、というところから、思考開始するのもいいかもしれません。ワールドカップの共催が決まった日のルポを『ナンバー』に書いた記憶がありますが、横浜でマリノスの試合を見に行ったときに、いつもと違う試合に見えたんですよ。ブランド化なのか、神話化なのかわからないけれども、じわじわとうれしいわけです。いつものJリーグと違うなあという感じでした。十年前まではコウさんなのかカンさんなのか、わからなかったし、インチョンは仁川《じんせん》と呼んでいたし、とりあえず、地名を現地読みするとか、おいしいものを食べるとか、〝小文字〟の、生活をにじませるワールドカップでささやかだけど貴重な豊かさを獲得できるのではないでしょうか。ここにボールが置いてあります。三十二枚の白黒亀甲型のパネル――さっき、上智の学生のKさんが複雑系・危機管理・戦争学をもとにサッカーの論文を書いてみたから、今度見てくれ、と言っていましたが——この一つの球体から刺激されていろんなことが言えたり、遠くに行けたりします。もちろんひどい目に遭うこともあります。でも、総じて、このボールのように真っ白ではないけれど、全体的に限りなく白に近い、黒にしてはいけない。そういうイメージで、サッカーという共通項を大切にしながら年をくっていこうじゃないかと思うことが最近多いですね。

司会　ありがとうございました。佐山さん、伊東さんの話がウケないというのはとんでもない話でありまして、むしろサッカーを愛するがゆえに抱いた苦悩を聴衆のみなさまが共有していればこそ、だんだん沈痛な空気も流れるのだと思います。

アシスタントの山本さん、いかがでしたか。

アシスタント　私はサッカーに詳しいといっても、テレビでサッカーを観るとか、『サッカーマガジン』を読むとか、その程度でしかないんですが、メディアについて伊東さんに質問したいと思います。来年ワールドカップがあって、これからもJリーグが続くと思いますが、『サッカーマガジン』編集長として、メディアの役割をどうお考えですか。

伊東　ワールドカップを成功させようという思いしかない。そのためには、入れ物であるスタジアムとその周辺環境、試合の九十分間だけではないサッカーの楽しさ、試合のあと駅から歩いて行く、あるいは駅へと歩いて行く、その間の楽しさ、そのようなものをみんなで共有してワールドカップを盛り上げてゆかなくては。そういう立場の一つの雑誌として考えています。

司会　ありがとうございました。それでは最後に上智大学の泉邦寿外国語学部長に一言ご挨拶いただければと思います。

泉　本日は〝サッカーボールに映る民族と世界〟ということで外国語学部とポルトガル・ブラジルセンター、そしてドイツ語圏文化研究所の三つが共催して、実りの多いシンポジウムができたことを非常にうれしく思っております。ご参加いただいたパネリストの方々、そしてみなさん方、本当にありがとうございました。

外国語学部は毎年、数度のシンポジウムを開いています。ことしは、四月にＵＮＨＣＲの緒方貞子さんに難民のことで講演していただきましたし、カンボジアの仏像が発見されたこととバーミヤンの仏像破壊のこともあり、文化財の保護と破壊についてのシンポジウムをしました。そういう企画をしているうちに、もっとある意味では面白い、そしてみんなの共感を得るような別の分野のシンポジウムができないかと考えておりましたところ、市之瀬先生と粂川先生のご発案で、サッカーについてのシンポジウムをやりたいというので、私はすぐのりまして、ぜひやってほしいとお願いし、開催することになりました。たいへん、うれしく思っております。

私自身はいまでもサッカー好きで、何十年もまえ、子どものころ、小学生のころからサッカーをやっておりました。そのころサッカーをやるのは稀でして、みんな野球でした。私の通っていた学校が、たまたまはじめフランス人の開いた学校なものですから、サッカーが体育の授業に取り入れられてやっていました。フランス人というのは不思議だとそのころ思いました。私たちが野球をやっていて、球がころがっていきますと、それを拾って投げてくれない。小さい球でもなんでも蹴っ飛ばすんですね。ピンポン球でも蹴っ飛ばす。あの人たちは投げることはできなのではないかと思ったぐらいでした。なぜ蹴っ飛ばすのか、わかってきました。あとになってフランスで暮らすようになったとき、そうだっ

◀泉外国語学部長

たと思ったのは、子どもが標的として缶を積み上げて球を投げてそれを崩すというゲームをやると、フランス人はぜんぜんだめなんですね。つまり投げられない、子どもは。日本人の子どもは野球をやっていますからすぐ標的に当てて崩すのを見てフランス人はビックリしていました。ところが蹴っ飛ばすとうまいんです。フランスの子どもは蹴っ飛ばすのが非常に上手です。これはまさにサッカー文化の国なんですね。私は、そういう文化の違いを子どものころから感じていたのです。

日本でこれだけサッカーがさかんになるとは夢にもおもいませんでした。非常に嬉しいことだと思っております。ついでに一言だけ申し上げますと、九八年に優勝したフランスのサッカーチームは、ジダンのようにアルジェリアの移民であるとか、フランスではありますが、ニュー・カレドニアの人とか、ギアナの人とか、そういう人たちが活躍して優勝したのでした。そのころフランスでは共和国論争というのが随分ありまして、ＥＵ統合問題や移民問題をひっくるめ、フランス自身が、自分たちはヨーロッパ人なのかフランス人なのか、フランス人とはいったい何か、という議論をさんざんしていたところでした。そしてその前にも、保守政権のとき、移民法を改正して、簡単にとれていた国籍がとりにくくなった。不法労働者の強制送還をどうするか、やるか、やらないかの大論争がありました。フランス共和国とはなにか、その原理はなにか、そういうことが随分と問い直されていたところでした。そのときに、サッカーで優勝して、そのおりに力になった人が、いま言ったような人たちだったということで、フランスの多様性・多民族性・多文化の重要性を見直す機会となったわけです。かなり保守的だった元内務大臣でパスクワという人がいますが、そのパスクワでさえ、フランスのアイデンティティはこのサッカーチームにあると言ったほどの力をサッカーチームはもったということであります。

サッカーは多様性・多文化・多民族の牽引力になっていることがよくわかります。実際いま日本の選手はヨーロッパに行って活躍して、日本のサッカーチームにも外国からいろんな人たちがやってきています。いまはいろいろな面で十九世紀的な国民国家が問い直されてきています。一民族一国家が問い直されている時代に、こういうスポーツ文化がそれを問い直し、変えていく大きな力になりつつあるというのは、大学人にとっては興味深いテーマであり、見逃すことができない重要なことであると、きょうのシンポジウムを聴きながらつくづく感じました。みなさんのご協力で、そういう意味で実り豊かで、いいシンポジウムができたことをたいへん感謝しています。ありがとうございました。

司会　どうもありがとうございました。それでは、きょうはすばらしいパネリストのみなさまと、熱心な聴衆者のみなさまのおかげで、すばらしいシンポジウムができましたことを心より御礼を申し上げます。

パネリストのみなさまに退場していただきますので、もう一度盛大な拍手をもってお送りください。どうもありがとうございました。

corner-kick

ファンの変化とメディアの役割

――討論では、各国のサッカー関連メディアの事情が聞けて面白かったですね。それでは、伊東さんが編集長をしておられる『サッカーマガジン』のような専門誌のスタンスというのは、どのようなものなのでしょうか。

伊東　テスト版も含めて六六年の創刊時から考えると、まず第一の時代として、東京オリンピックからメキシコ・オリンピックに向けての第一次サッカーブームというのがあって、それに応えようというのが、『サッカーマガジン』の創刊の意図だったと思うんです。この頃から七〇年代にかけてのターゲットは、プレーヤーとして自分でボールを蹴っている層でした。学校の部活でも、草サッカーでも、自分でやっている人々に向けた発信がメインだったんですね。当時の内容を見ても、技術的な解説とか、サッカーを上達しよう、という傾向のものが多かったんです。一方で、「世界のサッカーって、こんなに凄いんだよ」というような啓蒙的な情報提供というのも多少ありましたが、基本としては、（専門的な記事が多い）『ソフトボールマガジン』のような雑誌に近い作りでした。

その後、七〇年代の後半に一度、月二回発行というのにトライしているんです。これはまず、多分テレビの「ダイヤモンド・サッカー」をきっかけとして、世界のサッカー情報への飢餓感のようなものが募ってきたという状況がありました。ＮＨＫも、八二年のスペインでのワールドカップから本格的にテレビ放映を始めました。七八年のアルゼンチン大会から、ちょぼちょぼやってはいたんですが、八二年にはじめて準決勝を生放送して、決勝ももちろん生放送でした。これ以降、NHKがワールドカップを軸とした海外のサッカーというものにかなり力を入れてきて、これに対する関心がぐっと高まりました。この七〇年代後半から八〇年代後半にかけてが、『サッカーマガジン』にとっても〝第二期〟と言えたと思います。この時期に「プレーヤー層からビューアー（見て楽しむ）層へ」という、読者層のシフトが起こり始めました。ただそれでもやはり、「どうやったら上手くなるか」というような技術解説や、ルールの解説記事のようなものは依然として大切な柱でした。

その後、結局『サッカーマガジン』の月二回の刊行は、数年で挫折してしまいました。世界のサッカーへの関心が高まったとはいっても、月に二回専門誌が売れるような土壌ができたわけでもなかったんですね。また、八〇年代は日本サッカーにとってかなり厳しい時代でもありました。七〇年代後半には奥寺康彦選手がドイツで活躍するようになり、その後もちょぼちょぼそういう例がありましたが、やはり日本人選手が世界に通用するのはまだまだ難しい時代でしたし、八〇年代には日本リーグも完全に低迷し、日本代表チームもワールドカップにはまったく行けないと、そういう時代でした。そんな中で、『サッカーマガジン』は地道に日本リーグの話題を取り上げていく、地道な作り方を続けていました。読者はまだプレーヤー層が中心だったとはいえ、だんだんビューアー層が増えてきたという時代でしたね。

――そこで、Jリーグ誕生という起死回生の出来事が……。

伊東　九〇年前後になって「プロリーグ誕生」への息吹が生まれてきて、あの頃からですね、劇的に変わってきたのは。Jリーグの話題を中心に取り上げるとともに、だんだんプレーヤー層向けの記事作りというのが減ってきました。それはやはり、Jリーグ人気という、時代のニーズに応えたものだったと思います。九二年、九三年頃からどんどん〝日本代表〟というものが注目され始めて、「ドーハの悲劇」に至るアメリカ・ワールドカップ予選の道のりの中で「日本代表ファン」という層が形成されてきました。その盛り上がりに応える形で『サッカーマガジン』も、九二年の秋から九三年の秋まで月二回、バイ・ウィークリーの発行になっています。そしてそれは一年だけで、その後は現在の形である週刊になったわけです。七〇年代には挫折した「月二回発行」が、今度は逆に週刊へと変わっていったのは、ひとつにはもちろん、それだけサッカーファンが根付いてきたというのがあります。それから、私たちのスタンスとしても、わが国のトップリーグであるJリーグの試合についてしっかりと、しかも迅速に伝えたい、という気持ちが「週刊」という形になっています。

そういう、「速報性」ということを重視しますと、どうしても技術解説などプレーヤー層に向けた記事というのは少なくなってきます。たぶん、この頃から実際逆転しているんじゃないですかね、読者の中でプレーヤー層とビューアー層の占める割合というのが。その後、日本代表のワールドカップ・フランス大会出場などいろいろな話題があって、週刊誌という形態を維持しているわけです。そんな中で、ベースボール・マガジン社としては別に『サッカークリニック』という月刊誌を創刊して、プレーヤー層や指導者層に向けた専門的記事、技術論解説などは、そちらにまとめるようにしました。

――現在の『サッカーマガジン』の編集方針はどのようなものですか?

伊東　評価していただいている『『サッカーマガジン』は日本（国内の情報）に強い」っていう軸は守って行きたいと考えています。それと「公正中立」ということですね。サッカーは野球のような〝セオリー〟がない競技ですし、〝正解〟がないんですね。見方は十人十色ですし、サッカーというものの奥深さの前では、軽々しく論陣を張れるものではありません。それに、我々はたしかに専門誌を作っているわけですけれども、プロのプレーヤーではないし、S級ライセンスを持ったトレーナーでもありませんからね。たとえば日本代表の試合のレポートをするときに、外から観察しただけでもある程度専門的な記事というのは書けますけれど、やはりチーム事情というのもありますし、それを憶測で書くというのはできません。それにサッカーっていうのは、「結果」だけでなく、「内容」についても議論が起こるスポーツです。よく「いいサッカー」、「悪いサッカー」って言いますよね。けれども、どういうのが「いいサッカー」なのかっていうと、これが人によって違ったりします。オピニオン性というのも大事だとは思いますが、まずは情報を正確に伝えて、それぞれに判断材料にしていただくというスタンスを大事にしたいと思います。

――ただ、インターネットの普及で、「情報」という点では難しい時代になりましたね。

伊東　そうですね。一次情報という点では、もうネットには全然勝てないですよね。速報性という意味では、もともと雑誌は新聞には勝てなかったわけですが、さらに強力な相手が出てきたと。ですから、解析とか、背景とか、二次情報、三次情報とレベルを上げていかなくては意味がありません。まあ、もともと雑誌とはそういうものであったんですけれど、それがより厳しく問われてきている、ということですね。

――『サッカーマガジン』自体、非常に人気のあるウェブサイトを運営していらっしゃいますが、本誌とサイトとの〝棲み分け〟というのはどうなっているのですか？

伊東　サイトで儲けるつもりはありません。儲からないですよ、ウェブサイトでは。サイトを運営する大きな狙いというのは、ファン・読者の声を吸い上げるということですね。これは、非常に参考になります。まあ、腹が立つこともありますけれども（笑い）。また、雑誌の誌面ではできないような編集部と読者との交流というか、雑誌作りに双方向性を持たせるというのが大きな意味でしょうね。

エピローグ——条川麻里生

「日本のようなサッカー後進国がワールドカップを招致するなんて、いささか僭越ではないか」そんな声がありますが、ちょっと歴史的視野を広くしますと、そうとも言いきれません。日本には「蹴鞠」というフットボールの長い伝統があるのですから。「はじめに」でも書きました通り、近代フットボール発祥の地イギリスをはじめとするヨーロッパの国々では、フットボールは「社会的には百害あっても一利もない」危険な遊戯としてしばしば禁止の対象となっていました。ところがわが国では、鞠を蹴る遊戯が古代より重要な文化として継承され続けてきたのです。

歴史書などをひもときますと、蹴鞠は古代初期のいずれかの時期に、オリエントから中国を経由して日本へと伝わったとされています。大化の改新を行なった中大兄皇子と中臣鎌子は法興寺でフットボールを行なったといいますし（バレーボール説あり）、十世紀初頭、醍醐天皇の治世には蹴鞠は盛大なイベントとして宮中で開催されていたそうです。平安後期、白川上皇が院政を行なう頃には加茂の神主成平や大納言成通らが「達人」としての名を轟かせました。中でも、成通は死後「鞠の精の神」として崇められ、精大明神の号が贈られて信仰の対象にまでなっています。釜本やカズどころではありません。世界広しと言えど、フットボーラーを神として祭っている国は日本ぐらいのものではないでしょうか。この一事をもってしても、十分にワールドカップを開催する資格があると思われます。

蹴鞠は貴族のたしなみとして和歌と並ぶ重要な教養とされましたが、庶民の間にも、いくつかの流派に分かれながら普及してゆきました。鎌倉時代には、武士も、庶民も、女性も、子供も、そして山寺の僧侶も、蹴鞠を行なっていたと言います。一説によれば、畳の上で足を曲げている時間の長い日本人にとって、蹴鞠*への欲求は高まりやすかったのだともいいます。

オリエントでも、中国でも廃れてしまった蹴鞠が、日本では洗練されながら脈々と受け継がれたのでした。この現象は、密教や禅、あるいは律令制などと同じように、日本文化の「なんでも受け入れて、日本のスタイルで発展させる」という独特の能力とも関係があるのかもしれません。近代スポーツにしても、こんなに多種多様なスポーツが興隆している国は、かなり珍しいですね。文化史の本はしばしば「発祥の地」ばかりを重要情報として記述しますが、「最後までやっている土地」に着目するなら、日本は歴史上じつに興味深い地位を獲得するのではないでしょうか。原理原則が無いといえばそうかもしれないけれど、その分寛容さと柔軟性をもった日本の文化は、フットボールという根源的な快楽を伴なった遊戯にもしかるべき地位を与えたのだ、とまで言うと、我田引水に過ぎるでしょうか?

……と、妙な文化論をぶったところで、最後に個人的なお話をしてもよろしいでしょうか。栃木県南部にある私の郷里の町には日立製作所の冷蔵庫工場があって、いちおう実業団サッカーチームもありました(今はリストラされてしまったのかなあ……)。この工場が地元サービスとしてやっていた「日立少年サッカースクール」に、町内の子供たちは小学校の中学年になると入ることができ、この日立チームのお兄さんたちに指導を受けることができたのです。十歳になった私も、近所の仲間たちと一緒にこのサッカースクールに「入学」しました。それまで、「月星」の白い運動靴しか履いていなかった私が、黒に白の

＊蹴鞠▼韓国にも蹴鞠の伝統はないが、「チェギチェギ」という、羽根突きの羽のようなものを蹴って遊ぶ伝統遊戯がある。

ストライプが入り、底にはプラスチックだけれど一応スパイクのついたサッカー・シューズを買ってもらったのでした（憧れのアディダスではありませんでしたが）。厚い白ソックスを膝まで上げて、スパイクの紐を締めたときのときめきは、今でも思い出せる気がします。それは、学童野球ではベンチにさえ入れなかった私が、はじめて身につけた本格的運動用具でした。

少し前まで結核を患っていたこともあり運動神経がとてつもなく鈍かった私は、小学校の頃は日陰者でした。それだけに、このサッカースクールには一筋の光明を見ていたのだと思います。なんといっても、ボールが大きいのが魅力でした。野球では、ボールがバットにどうして当たるのかが分からなかったし、フライを取れる人が超人に見えました。でも、サッカーはちゃんとボールに触れられるのです。インステップキックを教われればボールが遠くまで蹴れるようになったし、インサイドキックを習えば狙ったところにパスが出せるようになり、私はサッカーが好きになりました。やがて練習試合をやるようになっても、ちゃんと居場所がありました。バックスです。いくら私が鈍足でも、相手フォワード陣は最後はゴール前に来なくてはなりません。猛スピードでドリブルしてくる敵のエースストライカーに向かって、私は体当たりを食らわしました。体だけは大きく、闘志もあった私は、なんと十回に一、二回くらい攻撃を食い止めることができたのです。「いいぞ、マリオ！」そんな声をかけられたのも無論初めてで、私はますますサッカーが気に入りました。

サッカーを好きになったのは、コーチのお兄さんたちが優しかったせいもありました。日立製作所の独身者寮に住んでいた彼らは、しばしば私たち子供を自室に呼んでくれました。私が一番なついていたコーチ（たしか「青木さん」といったと思いますが）の部屋の壁は、日本や外国のサッカー選手のポスターとペナントのようなもので埋め尽くされており、唯一の家具であった小さな本棚には、『サッカーマガジン』がずらっと並んでいました。「青木さん」は、本棚から雑誌を取り出すと、「えーと、ああ、これだ。ほら、このページに連続写真で相手のボールの奪い方が説明してあるだろう。この選手は鈴木良三といって、全日本*のフルバックだ。この工場じゃないけど、日立の選手だよ。こっちはタックルの写真だ。この雑誌をあげるから、お家でよく見てきてごらん」、「でも、この表紙は杉山だね。釜本が表紙のがいいなあ……」、「しょうがないなあ、じゃあ、これもあげるよ」、「ありがとう！」

私はのちにボクシング・マニアになって、専門誌の編集部に就職するのですが、最初に手にしたスポーツ専門誌はこのときに青木さんがくれた『サッカーマガジン』でした。このころの『マガジン』は、今よりも大判で表紙も若干厚く、現編集長の伊藤さんがインタビューでもおっしゃっていたように、「プレーヤー層」に向けて作られた雑誌でした。私は家で何度もページを開いて連続写真を眺め、自分が敵方エースを完封する光景を思い浮かべてはうっとりしていました。

あれから三十年近く経って、この雑誌の編集長に御協力いただいてサッカーの本が作れるなんて、なんだか感無量です。もう「青木さん」がどこにおられるかさえ分からなくなってしまいましたが、できることならこの本を、私にサッカーとの幸せな出会いをプレゼントしてくれた人への「お返し」として差し上げたい、というのが私の今の気持ちです。

*全日本▼七〇年代は、「日本代表」ではなく、「全日本」と呼んでいた。今でもうっかりこう言ってしまう人は、間違いなくオジさんである。

すごく短い「おわりに」

先日、東京の大学病院で研修しているブラジル人医師と歓談する機会があった。ブラジル人だから、と短絡的に言ってしまってはいけないのだろうが、彼は予想通りサッカーファンであった。愛してやまない地元のクラブ・チーム、ワールドカップ予選で苦しんだブラジル代表チームについて語ってもらった後、サッカーにおける「美しさ」とは何か、と訊ねてみた。サッカーをアートの領域にまで高めたブラジル人に一度は訊いてみたかった質問だ。

「サッカーにおける『美しさ』とは、誰もが頭の中で思い描くこととは違うプレーをすること。相手チームの選手だけでなく、見ている人々すべての意表をつくプレーこそが美しいんだ」、その医師の返答を要約すれば、こんなところだった。私の質問もかなり意表をついていたと思うのだが、それに間髪を入れず答えた彼もさすがだ。もちろん、同じ問いを別のブラジル人にぶつければ、きっと違った答えが返ってくるのだろう。そしてまた、新しいサッカーの語りが生まれるのだ。

上智大学外国語学部が主催したシンポジウム『サッカーボールに映る民族と世界 二〇〇二年ワールドカップに向けて』では、サッカーに関わる様々なテーマを語り合った。もちろん、すでに百年以上の歴史を持ち、今も世界中でプレーされ続けるサッカーをたった一度の機会だけで語り尽くせたわけではない。サッカーの「美しさ」も語られなかったテーマの一つだ。そもそもサッカーのすべてを語りつくすなんてことは不可能なのだ。けれども、いや、だからこそ、またサッカーを語り合う機会を作りたい、そう思う。この「おわりに」をすごく短くする所以である。

最後に、シンポジウムに参加してくださった皆さん、舞台裏でシンポジウムの運営を支えてくださった皆さん、長い時間にわたり議論を盛り上げてくださった聴衆の皆さん、討論の中身を一冊の本にまとめて出版することを快諾してくださった社会評論社の皆さん、本書を手にとり読んで下さった読者の皆さん、すべての方に、心からの感謝を捧げたい。どうもありがとう。

ワールドカップの年、Jリーグ開幕の週末に

市之瀬　敦

編　者

市之瀬　敦(いちのせ・あつし)　上智大学助教授

1961年埼玉県生まれ。東京外国語大学大学院修了。著書に『クレオールな風にのって』、『ポルトガルの世界』、『ポルトガル・サッカー物語』(ともに社会評論社) など。

粂川　麻里生(くめかわ・まりお)　上智大学専任講師

1962年栃木県生まれ。慶應義塾大学大学院修了。編集記者などを経て現職。専門は言語哲学、現代文学。論文に「サッカー文学の方法　ロア・ヴォルフの言語ゲーム」など。

パネリスト

伊東　武彦(いとう・たけひこ)　『サッカーマガジン』編集長

1961年東京生まれ。早稲田大学第二文学部卒業。フリーライター、出版社勤務などを経てベースボール・マガジン社入社。98年現職に就き『サッカーＭＯＮＯ物語』を上梓。

ライノルト・オプヒュルス=カシマ　東京農工大教師、上智大学非常勤講師

1959年ドイツ・カストルプ - ラウクセル市生まれ。ボーフム・ルール大学卒業後、ベルリン自由大学で博士号取得する。研究領域は日本現代思想、大衆イメージ論、言語学。

康　熙奉(かん・ひぼん)　ジャーナリスト

1954年東京生まれ。東洋大学建築学科および日本大学史学科卒業。著書に『知られざる日韓サッカー激闘史』(学研)、『日韓サッカー　反目から共生へ』(新幹社) など。

佐山　一郎(さやま・いちろう)　作家、サッカー評論家

1953年東京生まれ。著書に『闘技場の人』(河出書房新社)、『サッカー細見 '98－'99』(晶文社)、『こんなサッカーのコラムばかり雑誌に書いていた』(双葉社) など。

野村　進(のむら・すすむ)　ノンフィクション・ライター

1956年東京生まれ。上智大学中退。78～80年、フィリピンに留学。97年に『コリアン世界の旅』(講談社) で大宅壮一賞・講談社ノンフィクション賞をダブル受賞。

アデマール・ペレイラ・マリーニョ　サッカー解説者

1954年ブラジルに生まれる。ブラジルと日本のチームでプレー後、サッカークリニックの講師として全国を回る。また、Ｊリーグ等のテレビ解説、雑誌コラムなどでも活躍。

サッカーのエスノグラフィーへ
徹底討論！　民族とメディアとワールドカップ

2002年5月15日　初版第1刷発行

編　　著――市之瀬 敦・粂川麻里生
発 行 人――松田健二
発 行 所――株式会社 社会評論社
東京都文京区本郷2-3-10
TEL. 03(3814)3861　FAX. 03(3818)2808
http://www.shahyo.com
印　　刷――スマイル企画＋平河工業社＋東光印刷
製　　本――東和製本
デザイン――桑谷速人

ISBN4-7845-0399-4　Printed in Japan